CD付き 子どもに聞かせる

世界の民話 第1集

けものや鳥や虫が、でてきて、ちえをはたらかせる話
欲ばりや心のまがった者が、そんをしたり、正直者が、とくをする話

矢崎源九郎・編

実業之日本社

はじめに

◆この本は、半世紀にわたって読みつがれてきた名著『子どもに聞かせる世界の民話』を、お話のテーマごとに四冊の本に分けたうえで、さまざまな楽しみ方ができるように、朗読のCDを付けたものです。

◆民話というものは、いろいろな民族、種族のあいだで、長いあいだ、人びとの口から口へと語りつたえられてきたものです。そこには、その民族、種族のこころが映り出ています。

◆これから広い世界へとはばたく小さな子どもたちに、世界の国ぐににつたわる民話を、すなおに理解し、たのしんでもらえるように、この本では、お話をわかりやすく再話してあります。

◆朗読のCDは、お母さん、お父さんがいそがしいとき、お子さんがひとりで、あるいはお友だちと聞けるように作成したものです。また、本に出てくる漢字には、すべてふりがなが振ってありますので、小学校低学年の子どもなら、ひとりで読むこともできます。

◆ご両親や先生が読み聞かせをできるように、それぞれの本のおしまいには、「親子で読む世界の民話」という章をもうけて、CDに入っていない民話も選んであります。

◆この本におさめた民話の伝わるところを、目次のあとの地図に示しました。また、それぞれのお話の終わりには、それの伝わる国や島などについて、かんたんな解説がありますから、参考になさってください。

目次

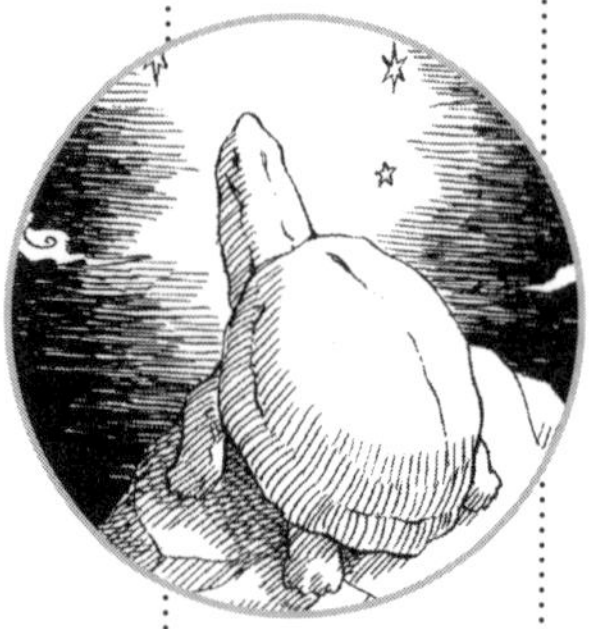

欲《よく》ばりや心《こころ》のまがった者《もの》が、そんをしたり、正直者《しょうじきもの》が、とくをする話《はなし》

この本におさめた民話の伝わるところ

オー・ツール王とガチョウ
（アイルランド） 11 12
とまらないくしゃみ
（エストニア） 81 9
グレーテルとインガ
（ドイツ） 99 11
二ひきのよくばり子グマ
（ハンガリー） 91 10
はちみつの好きなキツネ
（ウクライナ） 45 5
ヨーロッパ
ネズミとゾウ
（トルコ） 69 8
アジア
中《ちゅう》東《とう》
ひなどりとネコ
（ミャンマー） 145
ブラッセルの音楽隊
（ベルギー） 125
アフリカ
オオカミとロバ
（アルバニア） 61 7
サルのきも
（タイ） 19 2
ホタルとオナガザル
（フィリピン） 35 4
オセアニア
ヒョウの子とカモシカの子
（エチオピア） 55 6
きた
にし
ひがし
みなみ

【付録《ふろく》CDについて】

CD● 1 この本にのっているお話の朗読が、付録CDに収録されています。
目次にある左のようなCDマークの数字は、CDに収録されているお話のトラック番号です。トラック番号を使うと、聞きたいお話をすぐに選ぶことができます。

こどもに聞かせる世界の民話 第１集　【ＣＤ収録一覧表】

トラック番号	ページ	タイトル	国/地域	収録時間
1	11	ヤギとライオン	トリニダード島	4分59秒
2	19	サルのきも	タイ	4分26秒
3	27	カメのこうらは、ひびだらけ	ブラジル	4分56秒
4	35	ホタルとオナガザル	フィリピン	6分18秒
5	45	はちみつの好きなキツネ	ウクライナ	7分06秒
6	55	ヒョウの子とカモシカの子	エチオピア	2分53秒
7	61	オオカミとロバ	アルバニア	4分59秒
8	69	ネズミとゾウ	トルコ	6分12秒
9	81	とまらないくしゃみ	エストニア	6分22秒
10	91	二ひきのよくばり子グマ	ハンガリー	5分10秒
11	99	グレーテルとインガ	ドイツ	8分14秒
12	111	オー・ツール王とガチョウ	アイルランド	7分47秒
			全収録時間	1時間10分00秒

■CD 取り扱い上のご注意
・ディスクは両面共、指紋、汚れ、キズ等を付けないように取り扱ってください。
・ディスクが汚れたときは、メガネふきのような柔らかい布で内周から外周に向かって放射線状に軽くふき取って下さい。レコード用クリーナーや溶剤等は使用しないでください。
・ディスクは両面共、ボールペン、油性ペン等で文字や絵を書いたり、シール等を貼付しないでください。
・ひび割れや変形、または接着剤等で補修したディスクは、危険ですから絶対に使用しないでください。

■CD 保管上のご注意
・直射日光の当たる場所や、高温、多湿の場所には保管しないでください。
・使用後は CD ケースでの保管をお勧めします。

けものや鳥《とり》や虫《むし》が、でてきて、ちえをはたらかせる話《はなし》

画《が》／森田真千子（もりた まちこ／日本《にほん》）

ヤギとライオン

CD 1

（トリニダード・トバゴのトリニダード島《とう》）

ある日《ひ》、ヤギが、夕立《ゆうだち》にあいました。トリニダードの夕立《ゆうだち》は、ものすごいいきおいで、ふるのです。ヤギは、ずぶぬれになりました。

ライオンが窓《まど》から、ずぶぬれのヤギを見《み》ました。頭《あたま》からも、つのからも、ざあざあ、雨《あめ》がたれています。ライオンは、ヤギに、

「うちにはいって、雨《あめ》やどりをしないか。」

と、声《こえ》をかけました。

大きな、えらいライオンが、よんでくれたのです。ヤギは、ありがたいことだと思《おも》って、ライオンのうちへ、はいりました。

すると、ライオンは、大声《おおごえ》でいいました。

「ヤギくん。すわりたまえ。雨《あま》やどりのあいだ、バイオリンをひい

てあげよう。」
ヤギは、ますます、ありがたいことだと思《おも》って、腰《こし》をかけました。ライオンは、バイオリンをとりだすと、ひきながら、うたいだしました。ほら、こんな歌《うた》ですよ。

雨《あめ》のふる日《ひ》にゃ、
うちにいて、うちにいて、
雨《あめ》のふる日《ひ》にゃ、うちにいて、
おいしい肉《にく》のおいでをまつさ。

おいしい肉《にく》って、なんのことか、わかりますか。そう、わかるでしょう。
かわいそうなヤギにも、わかりました。自分《じぶん》が、そのおいしい肉《にく》だとわかったので、ヤギの毛《け》は、おそろしさに、一本《いっぽん》のこらず、さかだちました。

ヤギは、あわてて考《かんが》えました。でも、おちついて、いいました。

「ライオンさん、いいバイオリンを、お持《も》ちですねぇ。わたしにも、ちょっと、ひかせてくれませんか。」

「さあ、さあ、どうぞ。」

ライオンは、上《じょう》きげんで、バイオリンをかしてくれました。ヤギは、バイオリンをかりると、ひきながら、うたいました。それは、こんな歌《うた》でした。


きのう、ころした。一万《いちまん》びきのライオン。

一万《いちまん》びきのライオン、一万《いちまん》びきのライオン。

きのう、ころした。一万《いちまん》びきのライオン。

きょうは、なんびき、ころそうか。

ライオンは、耳《みみ》をぴんとたてて、聞《き》きました。なんだか、おかしなぐあいに、なってきました。

「ヤギが、ライオンをころすなんて、ほんとうだろうか。」

ライオンは、首《くび》をかしげましたが、用心《ようじん》したほうがいい、と考《かんが》えて、大声《おおごえ》で、おかみさんをよびました。

「おい、おい、たきぎをとってこい。」

この雨《あめ》のなかを、たきぎをとりにいけ、といわれて、おかみさんは、おどろきました。それでも、しかたなく、でかけようとすると、ライオンは、小《ちい》さな声《こえ》でいいました。

「帰《かえ》ってくるなよ。」

ヤギは、聞《き》こえないふりをしていましたが、こんどはもっと大《おお》きく、早口《はやくち》で、うたいだしました。

きのう、ころした。一万《いちまん》びきのライオン。

一万《いちまん》びきのライオン、一万《いちまん》びきのライオン。

きのう、ころした。一万《いちまん》びきのライオン。

きょうは、なんびき、ころそうか。

ライオンは、こんどは、むすこをよびました。

「森《もり》へいって、おっかさんが、なにをぐずぐずしているのか、見《み》てこい。」

そして、小《ちい》さな声《こえ》で、つけたしました。

「帰《かえ》ってくるなよ。」

ヤギは、なんにも、聞《き》こえなかったふりを、していました。そして、ものすごい大声《おおごえ》で、ものすごい早《はや》さで、うたいつづけました。

きのう、ころした。一万《いちまん》びきのライオン。

一万《いちまん》びきのライオン、一万《いちまん》びきのライオン。

きのう、ころした。一万《いちまん》びきのライオン。

きょうは、なんびき、ころそうか。

あんまり、早口《はやくち》でわめいたので、ヤギは、へとへとに、くたびれました。それでも、ヤギは、うたうのを、やめませんでした。とうとう、ライオンは、もう、こわくて、いてもたっても、いられなくなりました。

「ヤギくん、しつれい。ちょっと、うちのやつらを、さがしにいってくるよ。どうぞ、ゆっくり、休《やす》んでいてくれたまえ。」
と、いうと、ライオンは、大《おお》いそぎで、家《いえ》から、でていってしまいました。

ライオンが見《み》えなくなったとたん、ヤギは、バイオリンをほうりだして、いちもくさんに、にげだしました。

それからというもの、ヤギは、けっして、ライオンの家《いえ》の前《まえ》の道《みち》を、通《とお》らなかった、と、いうことです。

※トリニダード島《とう》は、南米《なんべい》のベネズエラの沖《おき》にあります。

サルのきも

CD● 2

（タイ）

むかしむかし、大《おお》きな川《かわ》の中《なか》に、ワニの夫婦《ふうふ》が、住《す》んでいました。

ワニのおくさんは、からだのぐあいがわるくて、たべものが、のどに通《とお》りません。

ワニのだんなさんが、心配《しんぱい》して、聞《き》きました。

「なにか、たべたいものはないかね。なんでも、さがしてきてやるよ。」

すると、ワニのおくさんは、いいました。

「ひとつだけ、たべたいものがあります。サルの生《い》きぎもです。それをたべれば、きっと、よくなると思《おも》いますわ。」

その川《かわ》の、むこう岸《ぎし》は、サル山《やま》でした。たくさんのサルが、木《き》のぼりをしたり、枝《えだ》にとびうつったりして、遊《あそ》んでいました。

ワニのだんなさんは、なんとかして、あの中《なか》の、大《おお》きなサルの生《い》きぎもを、おくさんに、たべさせてやりたいと、思《おも》いました。

そこで、むこう岸《ぎし》へ泳《およ》いでいって、ひなたぼっこをしているようなふりをしました。そして、サルに、はなしかけました。

「サルさんや。川《かわ》のあっちがわに、いってごらん。木《き》の実《み》が、たくさんあるよ。」

「ふーん。どっちがわだって、おんなじさ。」

サルは、うまく、話《はなし》にのってきません。

それでも、ワニは、あきらめません。せっせと、でかけていっては、

「サルさん、川《かわ》のあっちがわに、いってごらん。バナナや、マンゴ

ーが、たくさんあるよ。」

と、くりかえしました。そのうちに、サルも、

「だけど、あっちがわへは、どうやって、渡《わた》るんだい。」

と、聞《き》きました。

「ぼくの背《せ》なかに、おのり。すぐ渡《わた》してあげるから。」

ワニは、こういって、背《せ》なかを、サルのほうに、むけました。

サルが背《せ》なかにとびのると、ワニは、川《かわ》の中《なか》を、泳《およ》いでいきました。

そして、いちばん深《ふか》いところへ、きたとき、とつぜん、ぶく、ぶく、
ぶくと、水《みず》の中《なか》へ、もぐりはじめました。

「たすけてくれぇ。ワニさん、こわいよう。」

サルは、ワニの背《せ》なかにしがみついて、まっさおになりました。

ワニは、もう、サルがにげられないと思《おも》ったので、ほんとうのことを、いいました。

「サルさん。うそをいって、すまなかった。じつは、家内《かない》が、病気《びょうき》なんだ。サルの生《い》きぎもを、たべたら、なおるというものだから、そのう……」

これを聞《き》いて、サルは、おどろいたの、なんの。いくら、にげたくても、水《みず》の中《なか》では、どうにもなりません。そこで、気持《きもち》をおちつけて、いいました。

「そいつは、ざんねんだ。せっかくだけど、きょうは、きもを、わすれてきちゃったんだよ。

あれは、とても、おもいんでね。ふだんは、木《き》の枝《えだ》に、ひっかけておくか、ほら穴《あな》に、しまっておくんだよ。そうしておかなくちゃ、とても、とびまわることが、できないからね。」

それから、サルは、ちょっと、考《かんが》えるふりをして、つけくわえました。

「どうしても、ほしいなら、もういちど、岸《きし》にもどしてくれない？　そうしたら、生《い》きぎもを、二《ふた》つか三《みっ》つ、とってきてあげるから。」

ワニは、これを聞《き》いて、サルを、もとの岸《きし》べに、送《おく》りとどけてやりました。

サルは、山《やま》にかけのぼると、やがて、イチジクの実《み》を、二《ふた》つとってきました。

「ワニさん。これが、サルの生《い》きぎもだよ。おくさんに、たべさせてやりなさいよ。」

と、いって、ワニにわたしました。

ワニのだんなさんは、喜《よろこ》んで、そのイチジクを、うちへ持《も》って帰《かえ》りました。

「おまえ、サルの生《い》きぎもだよ。ほら。」

と、ワニのだんなさんは、おくさんに見《み》せました。

「まあ、ほんとうに。とっても、おいしそうだわ。」

おくさんは、さっそく、それを、たべました。

すると、病気《びょうき》が、けろりと、なおってしまった、と、いうことです。

※タイは、仏教《ぶっきょう》のさかんな国《くに》で、文化的《ぶんかてき》にはインドの影響《えいきょう》をうけています。このお話《はなし》も、インド起源《きげん》とみられますが、イチジクをたべて、病気《びょうき》がけろりとなおってしまうところなどは、まことにユーモラスで、いかにも、タイ人《じん》のあかるい性格《せいかく》をあらわしています。

カメのこうらは、ひびだらけ

CD● 3

（ブラジル）

むかしむかし、あるところに、一《いっ》ぴきのカメがいました。この
カメは、たいへん、知《し》りたがりやでした。
ある晩《ばん》のことでした。カメは、砂浜《すなはま》にでて、空《そら》をながめていまし
た。星《ほし》のきれいな夜《よる》でした。
「ああ、なんて、きれいな空《そら》だろう。なんて、すてきな星《ほし》だろう。
あの星《ほし》のそばは、どんなふうなんだろうなあ。」
空《そら》を見《み》あげているうちに、カメは、きゅうに、星《ほし》のそばへ、いっ
てみたくなりました。
カメは、のっそりのっそり、空《そら》をさして歩《ある》きはじめました。歩《ある》い
ているうちに、夜《よ》があけました。なお、歩《ある》きつづけているうちに、
日《ひ》がくれて、また夜《よる》がきました。

カメは、空《そら》を見《み》あげました。星《ほし》は、あいかわらず、空高《そらたか》くかがやいています。

カメは、がっかりしました。でも、また元気《げんき》をだして、のろのろと、歩《ある》きはじめました。

三日三晩《みっかみばん》、知《し》りたがりやのカメは、歩《ある》きつづけました。歩《ある》いても、歩《ある》いても、星《ほし》は近《ちか》くなりません。

カメは、つかれきって、もう、ひと足《あし》も、前《まえ》へ進《すす》めなくなりました。

「もう、だめだ。星《ほし》のそばへなんか、とうてい、いけないんだ。」

カメが悲《かな》しんでいると、灰色《はいいろ》のアオサギが、そばを通《とお》りかかりました。

「こんにちは、カメさん。こんなところで、なにをしているんです。」

「星《ほし》のそばへ、いってみたいんだけど、歩《ある》いても、歩《ある》いても、いけないんだよ。アオサギさん。わたしを空《そら》へ、つれていってくれないかい。」

「いいですとも。おやすいご用《よう》です。さあ、わたしの背《せ》なかにおのりなさい。」

カメは大喜《おおよろこ》びで、アオサギの背《せ》なかに、よじのぼりました。アオサギは、つばさをひろげて、まいあがりました。

アオサギは、ぐんぐん空高《そらたか》く、のぼっていきました。しばらくして、アオサギは、カメに聞《き》きました。

「カメさん、カメさん。地面《じめん》がみえますか。」

「見《み》えるよ、見《み》えるよ。ずいぶん、小《ちい》さくはなったけどね。」

と、カメは、こたえました。

アオサギは、いっそう、高《たか》くのぼっていきました。しばらくいく
と、また、カメに聞《き》きました。

「カメさん、地面《じめん》はまだ見《み》えますか。」

「いや、アオサギさん。もう、見《み》えなくなってしまったよ。」

すると、とつぜん、アオサギは、大声《おおごえ》をあげて、笑《わら》いだしました。

そして、いきなり、高《たか》い高《たか》い空《そら》の上《うえ》で、くるっと、宙《ちゅう》がえりをしま
した。

アオサギは、じつは、わるい魔法《まほう》つかいだったのです。

カメは、アオサギの背《せ》なかから、あっというまに、ほうりだされ

て、まっさかさまに、落《お》ちていきました。
かわいそうなカメは、目《め》をしっかりとじて、いっしょうけんめい、おいのりしながら落《お》ちていきました。
神《かみ》さま、神《かみ》さま、神《かみ》さま。
もしも、たすけてくださったら、
もしも、たすけてくださったら、
もう二《に》どと、空《そら》へいきたいなどと、
申《もう》しません、申《もう》しません。
地面《じめん》の近《ちか》くまできたとき、カメは、目《め》をあけてみました。すぐま下《した》に、森《もり》や山《やま》が見《み》えます。
「あぶないっ。みんな、よけてくれ、どいてくれ。」

カメは、むちゅうで、さけびました。

「ぼくにぶつかったら、みんな、つぶれてしまうぞ。」

森《もり》の木《き》も、山《やま》の岩《いわ》も、いそいで、わきへよけました。カメは、はだかの地面《じめん》に、ものすごいいきおいで、ぶつかりました。

カメは、死《し》にませんでした。けれども、カメのこうらは、こなごなに、くだけちってしまいました。

ひとりの、しんせつな魔法《まほう》つかいが、カメのふしあわせな旅《たび》を、はじめから、じっと、見《み》ていました。カメを、たいそう、かわいそうに思《おも》いました。そこで魔法《まほう》つかいは、こうらのかけらをあつめて、つぎあわせてやりました。

カメのこうらを、見《み》てごらんなさい。ほら、かけらをついだあとが、ちゃんと、のこっているでしょう。

※ブラジルは、世界《せかい》で五番《ごばん》めに広《ひろ》い国《くに》です。原住民《げんじゅうみん》のインディアン、ポルトガル、スペイン系《けい》を主《しゅ》とした白人《はくじん》、黒人《こくじん》、その他《ほか》、さまざまな人種《じんしゅ》が住《す》んでいます。

ホタルとオナガザル

CD● 4

（フィリピン）

フィリピンの島《しま》には、『夕《ゆう》がた』と、いうものがありません。いままでお日《ひ》さまが、かんかん、てりつけていたかと思《おも》うと、たちまち、まっくらな夜《よる》に、なってしまうのです。

くらくなると、ホタルたちが、シュロやシダのあいだを、ちらちらと、またたきながら、とびまわります。

ある晩《ばん》のこと、一《いっ》ぴきのホタルが、友《とも》だちのところへ、遊《あそ》びにでかけました。ホタルは、自分《じぶん》の小《ちい》さなあかりで、道《みち》をてらしながら、シュロの木《き》のあいだを、とんでいきました。

高《たか》い木《き》にのぼっていたオナガザルが、ホタルを見《み》つけました。

オナガザルは、ホタルをよびとめて、からかいました。

「もし、もし、ホタルさん。どうして、わざわざ、あかりなんか、

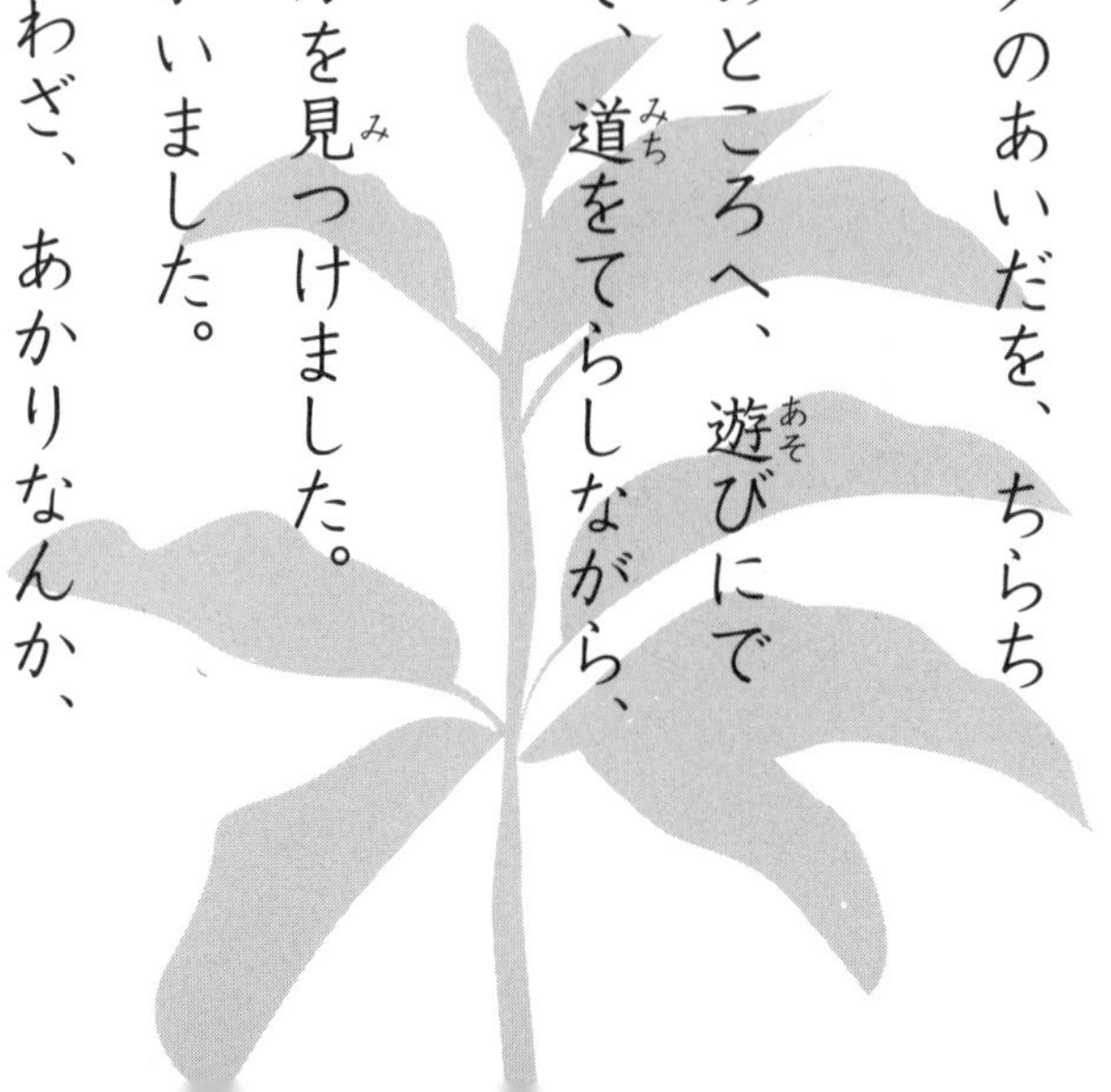

つけているんだね？」

「うるさい蚊《か》を、追《お》いはらうためですよ。」

と、ホタルは、しずかにこたえました。

「なあるほど。」

オナガザルは、とんきょうな声《こえ》をだしました。

「つまり、蚊《か》が、おそろしいってわけだな。あんたは、よわむしだね。」

「よわむしとは、ちがいますよ。蚊《か》なんか、おそろしくない。ただ、ほかのものに、じゃまされたくないだけですよ。」

オナガザルは、フフンと、笑《わら》いました。

「いや、いや、よわむしだ。よわむしにきまっている。あかりをつ

けているのは、蚊《か》がおそろしいからさ。」

ホタルは、そのままだまって、いってしまいました。

オナガザルは、あいてにされなかったので、おもしろくありません。

あくる朝《あさ》、あちこちのサルのところへ、でかけていって、ホタルのことを、ふれまわりました。

「ホタルは、すごく、よわむしだぞ。」

「まったく、あきれた、よわむしだ。」

サルたちは、みんなで、ホタルをばかにして、笑《わら》いました。

それを聞《き》いたホタルは、オナガザルを、こらしめてやろうと思《おも》いました。

ホタルは、オナガザルのところへ、とんでいきました。オナガザルはねむっていました。ホタルは、自分《じぶん》のあかりを、オナガザルの鼻《はな》さきに、つきつけました。

オナガザルは、びっくりして、目《め》をさましました。

「なぜ、ぼくのことを、よわむしだなんて、ふれ歩《ある》いたんだ？」

と、ホタルは、きびしく、たずねました。

「あしたの朝《あさ》、シュロの林《はやし》まで、きてくれ。ほかの鳥《とり》やけものにも、きてもらって、ぼくが、よわむしか、よわむしでないか、見《み》てもらう。」

「ハッハッハッハッ。」

オナガザルは、大口《おおぐち》あけて、笑《わら》いだしました。

「おまえさん、おれと勝負《しょうぶ》しよう、と、いうのかい？」

「そうだとも。」

ホタルは、きっぱりと、こたえました。

「だれに、たすけてもらうつもりだい。ひとりじゃ、かないっこないだろう。」

オナガザルは、からかうように、聞《き》きました。

「ひとりだとも。」

と、ホタルは、しずかにこたえました。

「ひとりだって？」

オナガザルは、あきれました。

「そう、ひとりだ。」

ホタルは、くりかえしました。

ホタルは、どうしても、勝負《しょうぶ》をしたがっています。それがわかると、オナガザルは、

（ようし、こいつを、思《おも》いきり、やっつけてやろう。）

と、思《おも》いました。

「おもしろい。やろうじゃないか。」

と、オナガザルは、さけびました。

「だが、ことわっておくが、こっちは、ひとりじゃいかないぞ。仲《なか》間《ま》を集《あつ》めていくからな。それも、すごくつよいやつばかりをな。」

ホタルが帰《かえ》ると、オナガザルは、友《とも》だちのところを、つぎつぎとたずねて、

「あしたの朝《あさ》、ふといこん棒《ぼう》をもって、シュロの林《はやし》にきてくれ。」

と、たのみました。

朝《あさ》がきました。お日《ひ》さまが、あかるく、てらしはじめました。

ホタルは、おちついて、戦《たたか》いのはじまるのを、まっていました。

オナガザルが、おおぜいのサルをつれて、やってきました。サルたちは、もう勝《か》った気《き》で、足《あし》をふみならすやら、大声《おおごえ》をあげるやら、うかれまわっていました。

ホタルを見《み》つけると、オナガザルが、先頭《せんとう》にたって、こん棒《ぼう》をふりまわしながら、ワアッと、おそいかかってきました。ホタルは、すいっと、とんで、オナガザルの鼻先《はなさき》へ、とまりました。

「このホタルめっ！」

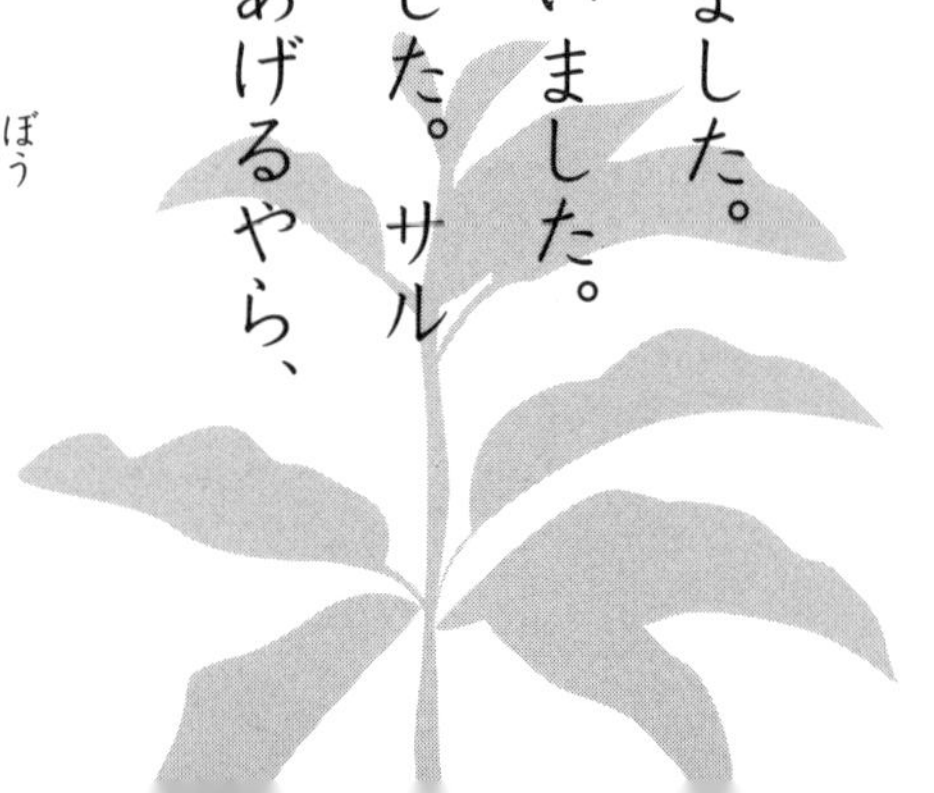

そばにいたサルが、ホタルめがけて、力《ちから》いっぱい、こん棒《ぼう》をうちおろしました。

ところが、ホタルは、それよりはやく、ひょいっと、とびのきました。こん棒《ぼう》は、オナガザルの鼻《はな》にあたりました。オナガザルは、ぎゃっとさけんで、たおれました。

そのまに、ホタルは、二《に》ひきめのサルの鼻《はな》に、とまりました。三《さん》びきめのサルが、こん棒《ぼう》をふりおろしました。またもや、ホタルは、すいっと、にげました。こん棒《ぼう》は、二《に》ひきめのサルの鼻《はな》にあたって、これも、のびてしまいました。

ホタルは、つぎからつぎへと、サルの鼻《はな》さきに、とびうつりました。

サルのほうは、ホタルをねらっては、しっぱいし、ねらっては、

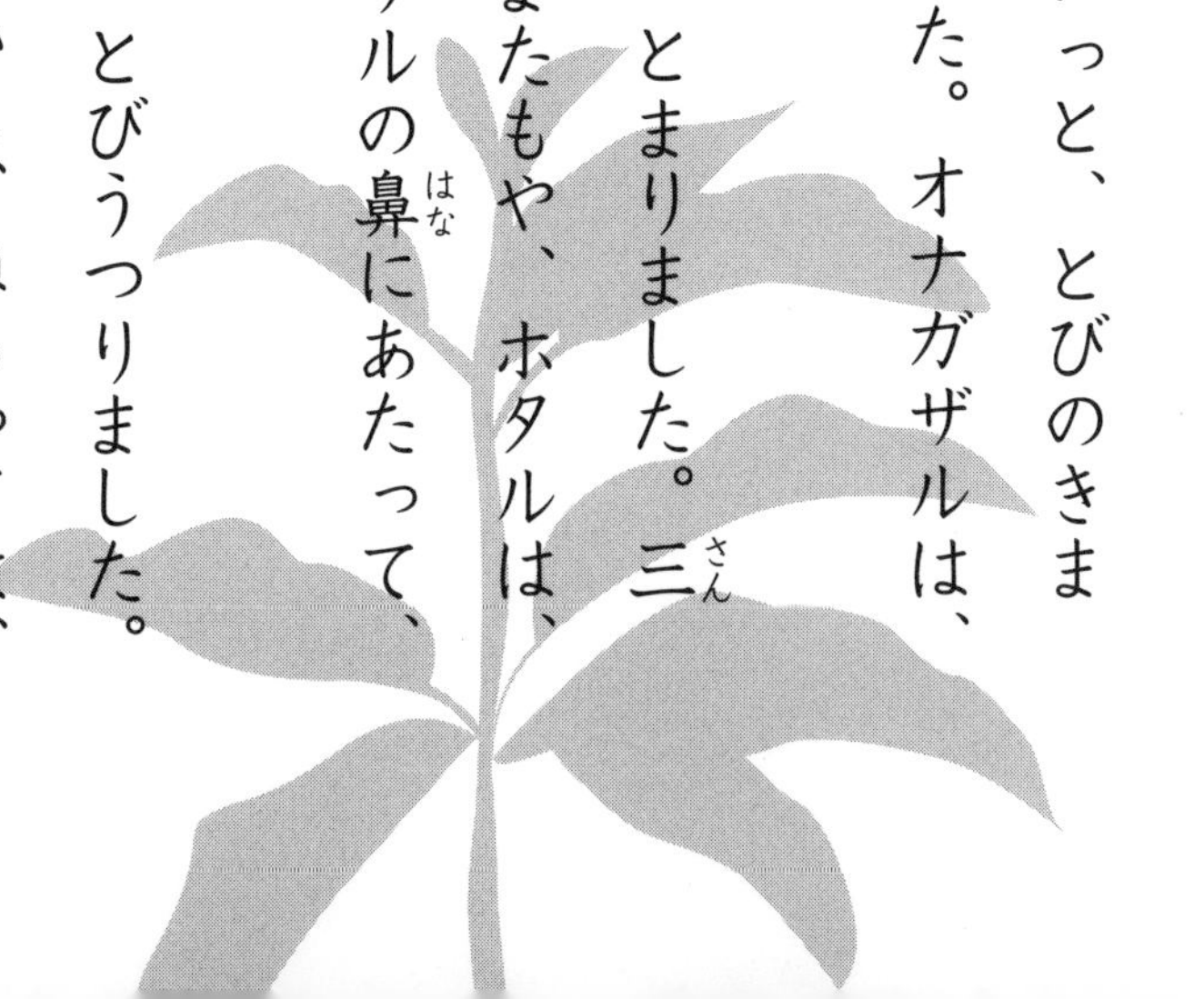

しっぱいし、おたがいの鼻《はな》をなぐりあって、とうとう、一《いっ》ぴきのこらず、のびてしまいました。

かしこくて、いさましいホタルは、大《おお》きなサルたちに、りっぱに勝《か》ちました。

「さあ、これでもぼくは、よわむしで、蚊《か》をおそれているという気《き》かい？」

ホタルは、勝《か》ちほこってさけぶと、地面《じめん》にたおれている、サルの上《うえ》を、くるくるとまわって、ひきあげていきました。サルたちは、はずかしくて、はずかしくて、赤《あか》い顔《かお》が、二《に》ばいに赤《あか》くなりました。

※フィリピンは、大小七千《だいしょうななせん》の島《しま》からなり、何十《なんじゅう》もの民族《みんぞく》が住《す》んでいます。

はちみつの好《す》きなキツネ

CD●5

（ウクライナ）

あるところに、どんなすばらしいごちそうよりも、はちみつの好《す》きな、キツネがいました。ところが、ほかのごちそうなら、いつでもたべられますが、はちみつには、なかなか、ありつけません。

キツネは、はちみつのありそうな場所《ばしょ》を、いっしょうけんめい考《かんが》えてみました。

(そうだわ。ミツバチの巣箱《すばこ》を、のぞきにいってみよう。あそこなら、はちみつが、たっぷり、なめられそうだわ。)

キツネは、さっそく、村《むら》へでかけていって、お百姓《ひゃくしょう》の飼《か》っている、ミツバチの巣箱《すばこ》のそばへ、しのびよりました。そして、そろりそろりと、手《て》をのばしかけたとたん、これはたいへん。ミツバチたちに、見《み》つかってしまいました。

ミツバチたちが、おこったのは、あたりまえです。ウォンウォン、ブンブン、うなりながら、キツネめがけて、とびかかってきました。めちゃめちゃにさされたキツネは、やっとのことで、にげだして、どうやら、命《いのち》だけは、たすかりました。

こんなにひどい目《め》にあっても、キツネは、どうしても、はちみつのことが、思《おも》いきれません。そのうちに、いいことを思《おも》いつきました。

（そうだ。クマさんといっしょにくらせば、いいわ。クマさんも、はちみつが好《す》きだから、きっと、どっさり、持《も》っているにちがいないもの。）

キツネは、さっそく、クマのうちを、たずねていきました。

「クマさん、クマさん。わたしといっしょに、くらしませんか。きっと、いいおくさんになりますから。」

「ああ、いいとも。」

クマは、喜《よろこ》んで承知《しょうち》しました。

キツネは、クマといっしょに、くらしはじめました。クマは、まいにち、森《もり》へ狩《か》りにいって、おいしいごちそうを、キツネにたべさせてくれました。

それでも、キツネは、朝《あさ》から晩《ばん》まで、はちみつのことばかり、考《かんが》えていました。そして、ある日《ひ》のこと、クマに、こういって、ねだりました。

「はちみつをとってきてくださらない。なんだか、とってもあまいものが、ほしくなったの。」

クマは、村《むら》へでかけていって、大《おお》きな巣箱《すばこ》を二《ふた》つも、かついで、帰《かえ》ってきました。

「さあ、とってきてやったよ、ひと箱《はこ》だけたべて、もうひとつは、冬《ふゆ》のために、とっておこう。」

と、クマはいって、巣箱《すばこ》のひとつを、屋根《やね》うらにかくしました。

かたっぽうの巣箱《すばこ》のはちみつは、またたくまに、なくなってしまいました。キツネは、もっともっと、なめたくて、がまんができなくなりました。

でも、うまく、クマをだまさなければ、屋根《やね》うらに、しのびこめません。そこで、キツネは、クマにわからないように、とんとんとんと、しっぽで壁《かべ》をたたきました。クマが聞《き》きました。

「だれだね。戸《と》をたたいているのは？」

「おとなりさんが、わたしを、お客《きゃく》によんでくれたんですよ。ぼうやが生《う》まれた、お祝《いわ》いに。」

「いっておいで。わしは、昼《ひる》ねでもしていよう。」

キツネは、いそいそと、そとにでていくふりをして、屋根《やね》うらにしのびこみました。そして、たっぷり、はちみつをなめました。

それから、知《し》らん顔《かお》をして、帰《かえ》ってきました。

「あかんぼうの名《な》は、なんてつけたんだね？」

と、クマが聞《き》きました。

「『たべはじめ』というのよ。」

と、キツネは、こたえました。

「なんとまあ、おかしな名《な》まえだなあ。」

「ちっとも、おかしくないわ。いい名《な》まえじゃ、ありませんか。」

あくる日《ひ》、キツネは、また、しっぽで、壁《かべ》をたたきました。

「だれだね。戸《と》をたたいているのは？」

「べつのおとなりさんが、お客《きゃく》によんでくれたんですよ。女《おんな》の子《こ》が生《う》まれた、お祝《いわ》いに。」

「いっておいで。わしは、昼《ひる》ねでもするとしよう。」

キツネは、また、屋根《やね》うらへはいりこんで、はちみつをなめました。もう、巣箱《すばこ》の中《なか》にはちょっぴり、みつがのこっているだけでした。

キツネが帰《かえ》ると、クマは、聞《き》きました。

「女《おんな》の子《こ》に、どんな名前《なまえ》がついたかね。」

『たべてるとちゅう』と、いうのよ。」

「なんとまあ、おかしな名《な》まえだなあ。」

「おかしくなんかありませんよ。とてもいい名《な》まえですよ。」

「そうかねえ。」

クマは首《くび》をふりました。

つぎの日《ひ》、キツネは、またまた、しっぽで、壁《かべ》をたたきました。

「また、戸《と》をたたいているぞ。」

「また、べつのおとなりさんが、お客《きゃく》によんでくれたんですよ。ぼうやが生《う》まれた、お祝《いわ》いに。」

「いったい、このごろ、どうしたんだ。まいにち、まいにち、お客《きゃく》

画《が》／古小路浩典（こしょうじ ひろのり／日本《にほん》）

にばかりよばれて。」

「近所《きんじょ》の人《ひと》に、わたしが、好《す》かれているからですよ。」

「まあ、いっておいで。わしは、昼《ひる》ねをするとしよう。」

屋根《やね》うらへ、しのびこんだキツネは、はちみつを、ありったけ、なめてしまいました。それでも、まだたりないで、巣箱《すばこ》をひっくりかえすと、すみからすみまで、きれいになめまわしました。

キツネが帰《かえ》ってくると、クマは聞《き》きました。

「こんどのあかんぼうは、なんて名《な》まえが、ついたかね。」

「『ひっくりかえして、なめちゃった』ですよ。」

「なんだって。そんな名《な》まえが、あってたまるものか。」

「ありますとも。」

「そうかねえ。」

と、クマは感心《かんしん》して、首《くび》をふりました。

いくにちかたって、クマは、きゅうに、はちみつが、ほしくなりました。屋根《やね》うらへいってみると、どうでしょう。巣箱《すばこ》は、からっぽです。

「こら、キツネめ、おまえだな、はちみつをなめたのは。もう、かんべんできん。おまえなんか、くいころしてやるぞ。」

クマは、かんかんにおこって、追《お》いかけましたが、キツネは、さっさと、にげてしまいましたとさ。

※ウクライナは、黒海《こっかい》に面《めん》していて、美《うつく》しく、ゆたかな地方《ちほう》です。

ヒョウの子《こ》とカモシカの子《こ》

CD● 6

（エチオピア）

あるとき、ヒョウの子《こ》と、カモシカの子《こ》が、なかよしになりました。まいにち、川《かわ》べで、いっしょに、たのしく遊《あそ》びました。

ある日《ひ》、ヒョウのおかあさんが、むすこにいいました。

「おまえ、なんだか、おかしなにおいがするよ。カモシカのにおいじゃないのかい。」

「そうだよ。カモシカの子《こ》と遊《あそ》んだんだもの。」

と、ヒョウの子《こ》は、こたえました。

「なんて、ばかな子《こ》なの。カモシカは遊《あそ》ぶあいてじゃなくて、たべものですよ。あしたは、カモシカの子《こ》をだまして、ころしなさい。そして、家《いえ》までひきずっておいで。それでこそ、ほんとうのヒョウの子《こ》ですよ。」

いっぽう、カモシカの子《こ》も、家《いえ》へ帰《かえ》ると、おかあさんに、いわれました。

「おまえ、おかしなにおいがするよ。ヒョウのにおいじゃないかい。」

「そうだよ。ヒョウの子《こ》と遊《あそ》んだんだもの。」

と、むすこは、こたえました。

おかあさんは、ふるえあがりました。

「まあ、おそろしいこと。なんて、ばかな子《こ》だろう。おまえのおとうさんも、おじいさんも、みんな、ヒョウにころされたのを、知《し》ってるでしょう。ヒョウの子《こ》は、やっぱりヒョウ。わたしたちの敵《てき》です。あしたは、さそわれても、けっして、遊《あそ》んではいけませんよ。おまえをだまして、ころすにきまっています。ヒョウは、みんな、そうやって、だますんだからね。」

「わかった。おかあさんの、いうとおりにするよ。」

と、カモシカの子《こ》は、こたえました。あくる日《ひ》、ヒョウの子《こ》どもは、カモシカの子《こ》を、さそいました。

「でておいでよ。いっしょに遊《あそ》ぼう。」

「いやだ。もう、きみとは遊《あそ》ばない。」

と、カモシカの子《こ》は、さけびました。

「どうしてだい。ぼくたちは、なかよしじゃないか。」

と、ヒョウの子《こ》はいいました。

「きみも、おかあさんに教《おそ》わっただろう。ぼくも、おかあさんから教《おそ》わったよ。だから、ぼくらは、もう、いっしょには遊《あそ》べないのさ。」

ヒョウの子《こ》は、赤《あか》くなって、帰《かえ》りました。

おかあさんは、ヒョウの子《こ》にたずねました。

「おまえ、カモシカを、もってこなかったのかい。それじゃ、ほんとうのヒョウとは、いえないよ。」

すると、ヒョウの子《こ》は、こたえました。

「カモシカの子《こ》は、もう、ぼくと遊《あそ》びたがらないんだ。ぼくが、ほんとうのヒョウだって、わかったからさ。」

※この話《はなし》は、アフリカの他《ほか》の国《くに》にもありますが、宿命的《しゅくめいてき》な悲《かな》しさを感《かん》じさせるお話《はなし》です。

オオカミとロバ

CD● 7

（アルバニア）

一《いっ》ぴきのオオカミが、おなかをすかせて、森《もり》の中《なか》を、うろついていました。そこへ、ロバが通《とお》りかかりました。

「しめ、しめ。ごちそうにありつけるぞ。」

オオカミは、舌《した》なめずりしながら、ロバをよびとめました。

「おい、おい。おまえは、どこからきた。」

「村《むら》からきました。」

「そりゃ、けっこう。いいところへきてくれた。おれは、もう、はらぺこだ。さあ、おまえをくってやろう。」

ロバは、大《おお》きな耳《みみ》を、ぶるぶるふるわせて、

「ああ、おねがいでございます。オオカミさん。それだけは、おゆるしください。」

と、たのみました。

「だめだ。おれは、はらぺこだ。」

「ねえ、オオカミのだんな。わたしみたいなものを、めしあがったって、じきに、おなかが、すいてしまいますよ。それよりも、わたしをたすけてくださったら、一年《いちねん》ぶんの肉《にく》を、手《て》にいれてあげようと思《おも》いますが。」

「ふん、どうやって、手《て》にいれる。」

「つまり、わたしが、オオカミのだんなをお乗《の》せして、牧場《ぼくじょう》へご案内《あんない》するんです。うまそうなヒツジが、たんといるんですよ。まるまると、ふとったやつばっかり。

そうだ。子《こ》ヒツジもいますよ。わかくて、やわらかいのが。それを好《す》きなだけ、めしあがれるじゃありませんか。」

オオカミは、ロバのさそいが、気《き》にいりました。ロバをたべてしまうより、ヒツジのいる牧場《ぼくじょう》に、案内《あんない》させるほうが、いいにきまっています。それに、だんななんてよばれたのも、生《う》まれてはじめてです。

オオカミは、自分《じぶん》が、ほんとうに、えらいだんなになったように、いい気持《きもち》になってきました。

「ふーん。そういうことなら、乗《の》ってやってもいい。だが、いいか、ゆれないように、たいらな道《みち》を、しずかにいくんだぞ。」

オオカミは、もったいぶって、いいました。

「ご心配《しんぱい》なく。オオカミのだんな。しずかに、しずかにおつれしますよ。」

オオカミは、ロバの背《せ》なかによじのぼり、ロバのながい耳《みみ》を、つかみました。ロバは、オオカミがゆれないように、ゆっくりと、歩《ある》きだしました。

オオカミは、ロバの背《せ》なかで、とくいそうに、そっくりかえっていました。ところが、いつまでたっても、ヒツジの牧場《ぼくじょう》に、つきそうもありません。

「やい、やい、ロバ。ヒツジは、いったい、どこにいるんだ。」

「もうすぐですよ。オオカミのだんな。」

そうこたえると、ロバは、すこし足《あし》をはやめました。しばらくすると、オオカミは、また、たずねました。

「おい、まだつかないのか。」

「もうすぐです。じゃ、おいしいヒツジが、はやくめしあがれるように、すこし、いそぎますよ。」

ロバは、いきなり、ものすごいはやさで、かけだしました。オオカミは、やっとのことで、ロバの背《せ》なかに、しがみついていました。

ところが、ロバの走《はし》りついたのは、ヒツジのいる牧場《ぼくじょう》ではなくて、村《むら》だったのです。村《むら》の中《なか》を、ロバは、オオカミを乗《の》せて、かけまわりました。

そして、せいいっぱいの声《こえ》をはりあげて、

「オオカミだあ。オオカミがきたぞう。」

と、ふれまわりました。

声《こえ》を聞《き》きつけた村《むら》の人《ひと》たちは、手《て》に手《て》に、こん棒《ぼう》や、くわをにぎって、家《いえ》からとびだしてきました。

「おまえだな。村《むら》のヒツジをねらうやつは。もう、にがさんぞ。」

人《ひと》びとは、口《くち》ぐちに、どなりつけました。

あっちの庭《にわ》からも、こっちの庭《にわ》からも、イヌが走《はし》りだしてきました。ワンワンほえたてながら、オオカミめがけて、とびかかりました。

オオカミは、もう、むがむちゅう。ロバからとびおりると、命《いのち》からがら、にげました。

にげながら、オオカミは、つくづく、考《かんが》えました。

（ああ、おれは、ばかだった。おれのじいさんは、いばらないオオカミだった。おやじも、いばらないオオカミだった。ふたりとも、

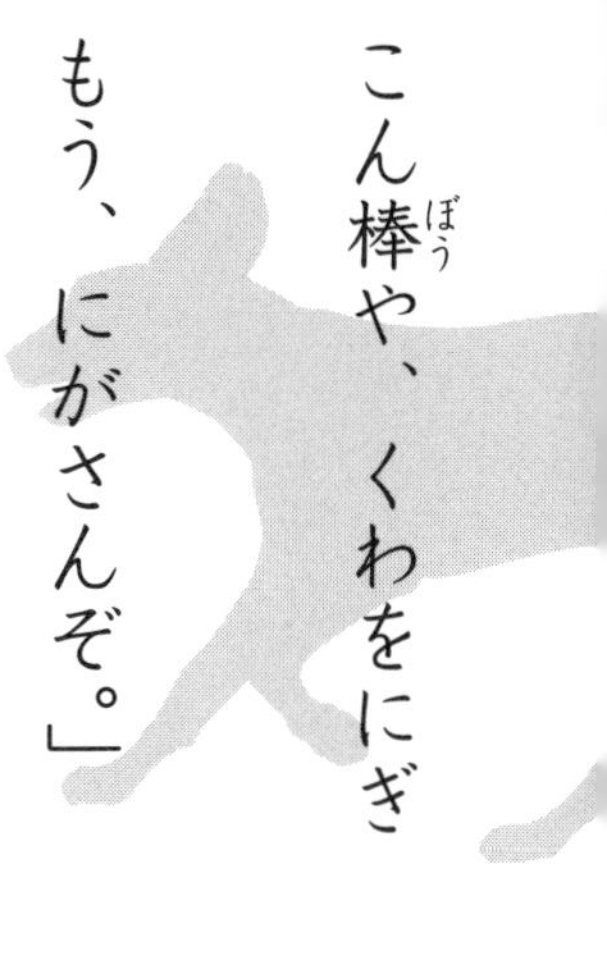

いつも歩《ある》いていて、ひとの背《せ》なかになんか、乗《の》らなかった。
それなのに、おれは、いい気《き》になって、ロバに乗《の》ったのさ。おかげで、とんだ目《め》にあってしまった。もう二《に》どと、だんななんて、よばれたくはない。ロバになんか、乗《の》るもんじゃない。）

※アルバニアは、東欧《とうおう》にある小《ちい》さな山国《やまぐに》です。

ネズミとゾウ

CD● 8

（トルコ）

むかしむかし、あるところに、一《いっ》ぴきのネズミがいました。そのネズミは、かがみを持《も》っていました。それも、ふつうのかがみではなくて、魔法《まほう》のかがみでした。

そのかがみをのぞくと、だれでも、自分《じぶん》が大《おお》きく、えらく見《み》えるのです。

まいにち、そのかがみを、のぞいているうちに、ネズミは、自分《じぶん》ほど大《おお》きくて、えらいものは、どこをさがしても、いないような気《き》がしてきました。そして、なかまのネズミたちをばかにして、話《はなし》もしなくなりました。

それを見《み》て、世《よ》の中《なか》のことを、よく知《し》っている、年《とし》とった、おばあさんのネズミが、いいました。

「ぼうや。このごろ、おまえは、たいそういばっているそうだが、気《き》をおつけ。ゾウが知《し》ったら、とんでもないことになるよ。」

「そのゾウってやつは、なにさ。」

「ゾウというのは、世界《せかい》で、いちばん大《おお》きな生《い》きものでね。どんなにつよいものでも、かなわないんだよ。」

「おれさまよりつよいものが、いてたまるか。」

こうさけぶと、ネズミは、ゾウをさがしに、でかけました。

野原《のはら》で、ネズミは、みどりのトカゲにであいました。

「おい、おい、ゾウっていうのは、おまえかい。」

「いいえ。わたしはトカゲよ。」

「そうか。ゾウでなくて、よかったな。ゾウだったら、ふみつぶしてやるところだった。」

小《ちい》さなネズミのいばりかたが、あんまり、おかしかったので、トカゲは、思《おも》わず、ふきだしました。

ネズミは、おこって、足《あし》をふみならしました。すると、ちょうどそのとき、ずしんずしんと、地《じ》ひびきがしました。

みどりのトカゲは、おどろいて、石《いし》のかげにかくれました。ネズミが、足《あし》をふみならしたために、おそろしい地《じ》ひびきの音《おと》が、おこったのだと、思《おも》ったのです。

「ぼくは、なんて、えらいんだろう。」

ネズミは、とくいになって、また、先《さき》へいきました。

しばらくいくと、カブトムシにであいました。

「おい、おい、ゾウというのはおまえかい。」

「とんでもない。ぼくはカブトムシさ。」

「ゾウでなくて、よかったな。ゾウだったら、ふみつぶしてやるところだった。」

それを聞《き》いて、カブトムシは、くすっと、笑《わら》いました。ネズミは、おこって、足《あし》をふみならしました。けれども地面《じめん》は、ぴくりともしません。

ネズミは、もう一回《いっかい》、やってみました。やっぱり、なんのひびきも、おこりませんでした。

(きっと、地面《じめん》が、しめっているせいだな。)

と、思《おも》いながら、ネズミは、先《さき》へいきました。

すこし先《さき》で、ネズミは、ふしぎな生《い》きものに、あいました。その生《い》きものは、木《き》のそばに、じっと、すわっていました。

(こいつこそ、ゾウらしいぞ。きっと、このおれさまを見《み》て、こわがっているんだな。)

と、ネズミは、思《おも》って、いばって、聞《き》きました。

「おい、おい、おまえは、ゾウか。」

それを聞《き》いた生《い》きものは、にやりと笑って、こたえました。

「ちがうよ。わたしは、世界《せかい》でいちばんえらいもののなかよしだ。わたしは、イヌだよ。」

「世界《せかい》でいちばんえらいものだと。それは、なんだ。」

「人間《にんげん》さ。」

「へえ。とにかく、ゾウでなくて、しあわせだったぞ。ゾウだったら、たちまち、ふみつぶしてやるところだった。世界《せかい》で、いちばんつよいのは、このおれさまなんだからな。」

イヌは、ネズミを、からかってやりたくなりました。

「そうかもしれないね、ネズミくん。人間《にんげん》だって、きみたちにたべさせるために、コメやムギを、つくっているんだものな。」

ネズミは、先《さき》をいそいで、森《もり》のおくへやってきました。

そこで、ネズミは、山《やま》のように大《おお》きなものに、ぶつかりました。

足《あし》は、木《き》のみきのようにふとくて、おまけに、からだの前《まえ》のほうにも、ながいしっぽが、ぶらさがっています。

「おまえは、ゾウかい。」

いばりんぼうのネズミは、力《ちから》いっぱい、声《こえ》をはりあげました。

ゾウは、あたりを見《み》まわしましたが、ネズミが、あんまり小《ちい》さいので、目《め》にはいりません。ネズミは、大《おお》きな石《いし》によじのぼりました。

ゾウは、やっと気《き》がついて、こたえました。

「そうだ。わしは、ゾウだよ。」

「おまえは、けしからんやつだ。おれさまをおどかすとは。」

ネズミは、ふんぞりかえって、さけびました。けれどもゾウは、おこりも、わらいもしません。そばの水《みず》たまりに鼻《はな》をつっこんで、うぬぼれネズミに、ぷーっと、水《みず》をふきかけました。

ネズミは、ひとたまりもなく、ふきとばされて、もうすこしで、おぼれそうになりました。

ネズミは、やっとのことで、家《いえ》に帰《かえ》りつきました。でも、こんどの旅《たび》で、世《よ》の中《なか》には、自分《じぶん》よりも、ずっと、ずっと、つよいものがいることを、思《おも》い知《し》りました。

それからというもの、ネズミは、二度《にど》と、ほかのものをばかにしたり、いばったり、しなくなりました。魔法《まほう》のかがみを、のぞくこともやめた、と、いうことです。

※トルコには、東洋的《とうようてき》なものと、西欧的《せいおうてき》なものとが、いりまじった、たくさんの民話《みんわ》があります。

欲《よく》ばりや心《こころ》のまがった者《もの》が、
そんをしたり、
正直《しょうじき》者《もの》が、とくをする話《はなし》

画《が》／ M. コルプ（ドイツ）

とまらないくしゃみ

CD● 9

（エストニア）

ある日《ひ》、みすぼらしいみなりをした、よぼよぼのおじいさんが、とぼとぼと、道《みち》を歩《ある》いていました。もう、日《ひ》がくれて、あたりは、くらくなっていました。

おじいさんは、道《みち》ばたの、大《おお》きな家《いえ》の窓《まど》をたたきました。

「こんばんは。通《とお》りがかりの旅人《たびびと》でございます。どうか、ひと晩《ばん》、とめてください。」

すると、美《うつく》しくきかざった、おくさんがでてきて、戸《と》をあけました。けれども、おじいさんを見《み》ると、ぴしゃんと、戸《と》をしめて、どなりました。

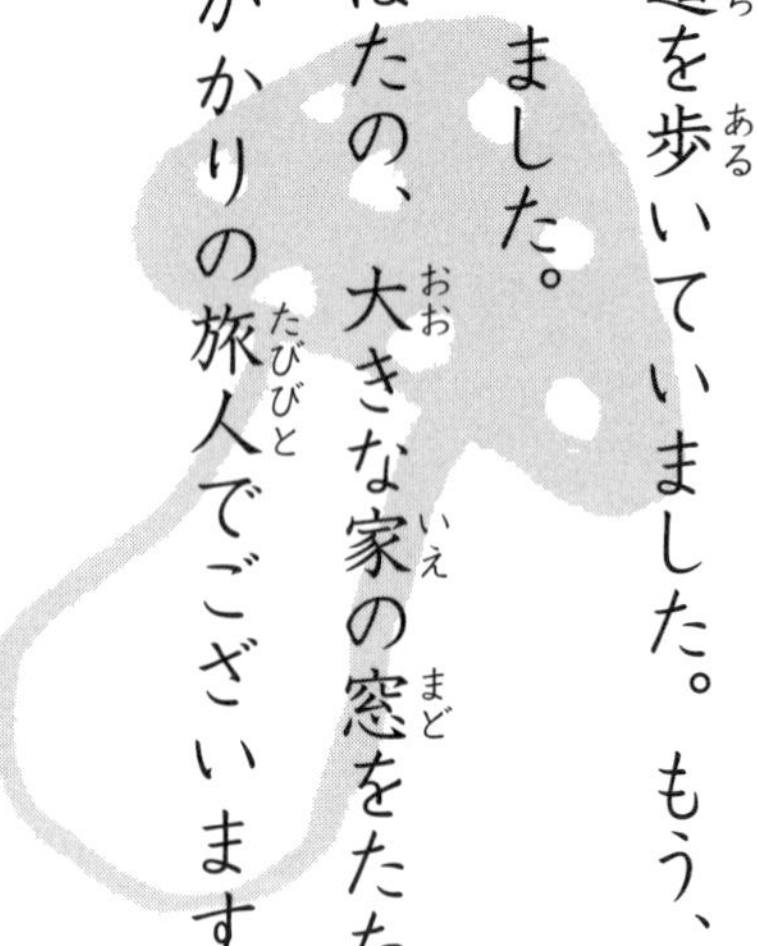

「とっととお帰《かえ》り！　こじきなんか、とめてやれないよ。」

しかたなく、おじいさんは、また、歩《ある》きだしました。大《おお》きな家《いえ》の

となりに、小《ちい》さな、みすぼらしい家《いえ》がありました。おじいさんは、小《ちい》さな家《いえ》の窓《まど》をたたきました。

「こんばんは。通《とお》りがかりの旅人《たびびと》でございます。どうか、ひと晩《ばん》、とめてください。」

すぐに、おかみさんが、でてきて、戸《と》をあけました。

「さあ、さあ、どうぞ。なにも、おもてなしはできませんが、ゆっくり休《やす》んでください。」

おじいさんは、家《いえ》の中《なか》にはいりました。せまいへやの中《なか》では、ぼろぼろのシャツをきた、子《こ》どもたちが、ワイワイ、さわいでいます。

「おかみさん。どうして、子《こ》どもさんたちに、ぼろをきせておくのですね。」

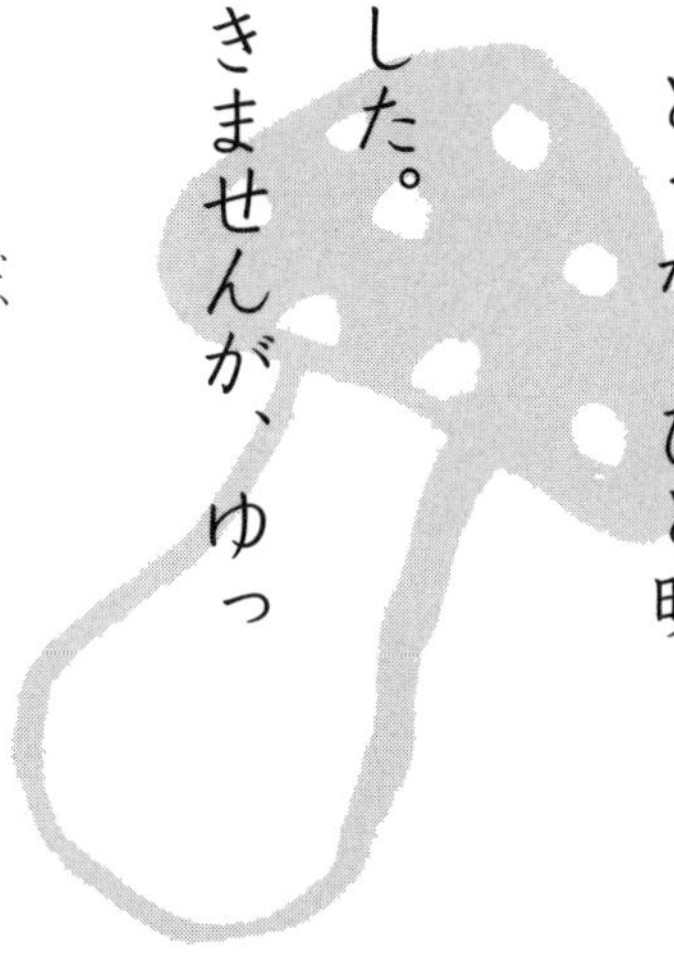

と、おじいさんは、たずねました。

「おはずかしいことですが、子《こ》どもたちに、パンをたべさせるお金《かね》もなくて、こまっているんです。新《あたら》しいシャツなんて、とても、ぬってやれません。」

おかみさんは、悲《かな》しそうに、こたえました。

あくる朝《あさ》はやく、おじいさんは、おかみさんにお礼《れい》をいうと、

「おかみさん、朝《あさ》とりかかったことは、夕方《ゆうがた》まで、つづくでしょうよ。」

と、いいのこして、でかけていきました。おかみさんには、なんのことか、さっぱり、わかりませんでした。

さて、おかみさんは、つくづく考《かんが》えました。

「ほんとうに、うちの子《こ》どもたちのシャツは、ひどすぎる。こじきのおじいさんまで、あきれたくらいだもの。そうだわ。すこし、きれがのこっていたっけ。あれで、一枚《いちまい》ぐらいは、ぬってやれるだろう。」

おかみさんは、さっそく、となりのお金持《かねもち》の家《いえ》へいって、ものさしをかりてきました。あまりぎれで、ぬえるかどうか、はかろうと思《おも》ったのです。

おかみさんは、わずかばかりのきれはしに、ものさしをあてました。すると、ふしぎなことがおこりました。

あまりぎれが、どんどん、のびていくのです。はかってもはかっても、はかりきれません。きれは、するする、するする、のびていきます。

とうとう、おかみさんは、日《ひ》がくれるまで、はかりつづけました。きれは、おかみさんと子《こ》どもたちが、一生《いっしょう》かかっても、つかいきれないほど、ながくなっていました。

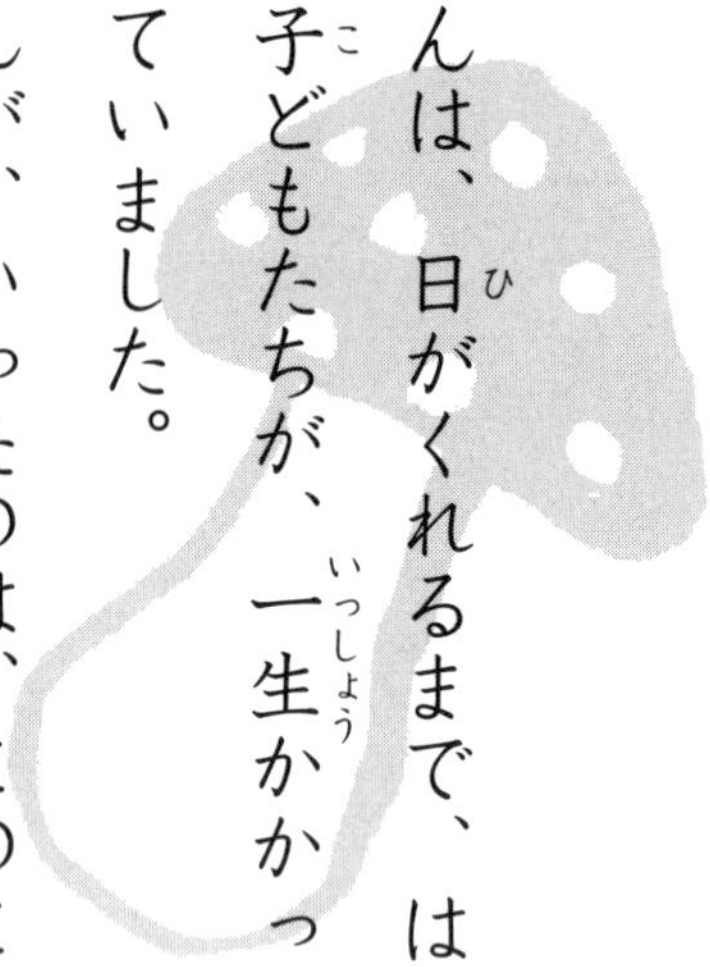

「ああ、あのおじいさんが、いったのは、このことなんだわ。」

と、おかみさんは、はじめて気《き》がつきました。

となりの家《いえ》へ、ものさしをかえしにいったとき、おかみさんは、この話《はなし》を、お金持《かねもち》のおくさんにしました。

「わたしったら、どうして、あのじいさんを、追《お》い帰《かえ》したりしたんだろう。」

お金持《かねもち》のおくさんは、顔《かお》をまっかにして、くやしがりました。そして、めしつかいをよんで、すぐに、おじいさんを見《み》つけて、つれてくるように、いいつけました。

めしつかいは、あちこち、いっしょうけんめい、さがしまわりました。ようやく、おじいさんを見《み》つけて、むりやりにたのんで、きてもらいました。まちにまっていた、お金持《かねもち》のおくさんは、手《て》をとるようにして、おじいさんをむかえました。ありったけのごちそうをならべて、もてなし、ふかふかのねどこに、案内《あんない》しました。

あくる朝《あさ》になっても、おじいさんは、帰《かえ》りません。ゆうゆうと、たべたり、飲《の》んだり、そのあいだには、のんびり、ねたり、たばこをふかしたり。つぎの日《ひ》も、またそのつぎの日《ひ》も、帰《かえ》りません。

「あのおじいさんたら、いつまで、とまっているつもりだろう。さっさと、でていけばいいのに。」

お金持《かねもち》のおくさんは、おじいさんに、ごちそうをたべさせるのが、おしくてなりませんでした。

すると、四日《よっか》めの朝《あさ》、おじいさんは、やっと、帰《かえ》るしたくをはじめました。おくさんは、にこにこ顔《がお》で、見送《みおく》りました。けれども、おじいさんは、なんにもいいません。おくさんは、門《もん》のそとまで送《おく》っていきました。それでも、おじいさんは、ひとこともいいません。

おくさんは、もう、がまんができなくなって、自分《じぶん》のほうから、いいだしました。

「きょう、わたしは、なにをしたらいいか、教《おし》えてくれませんか。」

おじいさんは、おくさんの顔《かお》を見《み》ながらいいました。

「朝《あさ》とりかかったことは、夕方《ゆうがた》までつづくでしょうよ。」

お金持《かねもち》のおくさんは、大《おお》いそぎで、家《いえ》の中《なか》にかけこんで、ものさしで、きれをはかろうとしました。ちょうどそのとき、鼻《はな》がむずむずしてきて、おくさんは、庭《にわ》のニワトリがとびあがるほど、大《おお》きなくしゃみをしました。

「ハッハックション！　ハックション！」

つぎからつぎへ、ひっきりなしに、くしゃみはつづきます。たべることも、飲《の》むことも、口《くち》をきくことも、できません。

「ハックション！　ハックション……」

お金持《かねもち》のおくさんの、くしゃみがおさまったのは、きっかり、日《ひ》がしずんだときでしたとさ。

※エストニアは、バルト海《かい》の北東岸《ほくとうがん》にある共和国《きょうわこく》です。

二《に》ひきのよくばり子グマ

CD●10

(ハンガリー)

ガラスの山《やま》のむこうに、きぬの野原《のはら》のむこうに、だれも、はいったことのない、だれも見《み》たことのない、深《ふか》い深《ふか》い森《もり》がありました。

その、深《ふか》い、深《ふか》い森《もり》のはずれに、クマの親子《おやこ》が住《す》んでいました。二《に》ひきの子《こ》グマと、おかあさんグマです。

子《こ》グマたちは、大《おお》きくなると、世《よ》の中《なか》へでて、しあわせをつかもうと思《おも》いました。子《こ》どもたちのねがいを、おかあさんは、ゆるしてくれました。

「いいとも、いっておいで。でも、どんなことがあっても、けんかをしては、いけないよ。」

「だいじょうぶ、おかあさん。ぼくたち、けんかなんか、するものですか。」

二《に》ひきの子《こ》グマは、げんきよく、旅《たび》にでかけました。深《ふか》い、深《ふか》い森《もり》のふちを、とことこと、歩《ある》いていきました。朝《あさ》から晩《ばん》まで、歩《ある》きました。つぎの日《ひ》も、朝《あさ》から晩《ばん》まで、歩《ある》きつづけました。そうやって、旅《たび》をつづけているうちに、とうとう、おかあさんにもらってきた、たべものが、のこらず、なくなってしまいました。

二《に》ひきの子《こ》グマは、とぼとぼと、おもい足《あし》をひきずっていきました。

「ああ、にいさん、ぼく、もう、歩《ある》けないよう。朝《あさ》からなんにも、たべていないんだもの。」

と、弟《おとうと》グマが、なきだしました。

「ぼくだって、おなじだ。腹《はら》がへって、死《し》にそうさ。」

にいさんグマも、ためいきをつきました。それでも、二《に》ひきは、のろのろと、歩《ある》きつづけました。すると、道《みち》のまんなかに、赤《あか》い大《おお》きなまるいものが、おちています。

「なんだろう、あれは。」

子《こ》グマたちは、いそいで、そばへいってみました。まあ、どうでしょう。大《おお》きなチーズではありませんか。

二《に》ひきは、大喜《おおよろこ》びで、さっそく、チーズをわけようとしました。ところが、こまったことができました。にいさんグマも、弟《おとうと》グマも、自分《じぶん》がわけなければ、もらうぶんが、すくなくなって損《そん》をする、と、思《おも》ったのです。

「ぼくがわけてやる。」

「いやだ。ぼくがわける。」

チーズをそばにおいて、二《に》ひきは、つかみあいをやりそうないきおいで、口《くち》げんかをはじめました。そのとき、ひょっこり、キツネがやってきました。

「まあ、まあ、子《こ》グマさんたち。けんかは、おやめなさい。なにを、そんなにおこっているの。」

そこで、子《こ》グマたちは、わけをはなしました。

すると、キツネは、笑《わら》って、いいました。

「おや、そんなことだったの。それなら、かんたん。おばさんに、チーズをかしてごらん。じょうずに、わけてあげますよ。」

「ああ、よかった。でも、おなじ大《おお》きさに、しておくれよ。」

「きっとだよ。」

きょうだいは、そういいながら、喜《よろこ》んで、まるいチーズを、キツネにわたしました。キツネは、チーズをうけとると、二《ふた》つにわりました。見《み》ると、ひとつのほうが、ずっと大《おお》きいのです。子《こ》グマたちは、さけびました。

「あっ、あんなに大《おお》きさが、ちがうよ。」

キツネは、にやっとしました。このキツネは、たいそうずるいやつで、わざと、片《かた》ほうを大《おお》きくしたのです。

「まあ、まあ、ぼうやたち、さわがないで。だいじょうぶよ。おばさんが、うまくしてあげるから。」

画《が》／西岡良介（にしおか りょうすけ／日本《にほん》）

そして、キツネは、大《おお》きいほうのかけらに、がぶりとかみついて、かなり、たべてしまいました。

「あ、あ、そっちが、小《ちい》さくなっちまった。」

子《こ》グマたちは、さけびました。

「へいき、へいき。それなら、こんどは。」

と、いいながら、キツネは、また、べつのほうをかじりました。すると、そっちが、小《ちい》さくなりました。

「あ、あ、あ、そっちが、ちっちゃく、なっちゃった。」

二《に》ひきの子《こ》グマは、おろおろ声《ごえ》で、さけびました。

「いいの、いいの。」

キツネは、しらん顔《かお》で、あっちをかじったり、こっちをかじったり。チーズのかけらは、こっちが大《おお》きくなったり、あっちが大《おお》きくなったり。

やっと、おなじ大《おお》きさにしたときには、チーズは、ちっぽけな、ちっぽけな、かけらになっていました。

「さあ、これで、いいでしょう。さようなら。」

キツネは、しっぽをぴんぴんふると、さっさと、いってしまいました。かわいそうな子《こ》グマたち。よくばったばちが、あたったんですね。

※このお話《はなし》は、ロシアの有名《ゆうめい》な画家《がか》ラチョフの手《て》で、美《うつく》しい絵本《えほん》になっています。

グレーテルとインガ

CD●11

（ドイツ）

むかし、グレーテルという娘《むすめ》が、まま母《はは》と、その娘《むすめ》のインガといっしょに、くらしていました。グレーテルは、かわいらしくて、よく、はたらく子《こ》でしたが、インガは、わがままで、遊《あそ》んでばかりいました。

それでも、インガは、いつも、おかあさんにほめられていました。それなのに、グレーテルのほうは、しかられてばかりいました。

グレーテルは、よく、庭《にわ》で糸《いと》をつむぎました。あるとき、糸車《いとぐるま》をまわしていると、うっかり、指《ゆび》をさしてしまいました。血《ち》がしたたりおちて、糸《いと》まきいれが、よごれました。グレーテルは、いそいで井戸《いど》へいって、糸《いと》まきいれをあらおうとしました。

ところが、こんどは、手《て》がすべって、糸《いと》まきいれを、井戸《いど》のそこに、おとしてしまいました。

グレーテルは、なきながら、おかあさんのところへ、おわびにいきました。ところが、おかあさんは、

「おやまあ、おまえは、なんてまぬけなの。井戸《いど》へとびこんで、とってきたらいいだろう。」

と、いいました。グレーテルは、しょんぼり、井戸《いど》にひきかえしました。おかあさんのいうとおりにすれば、おぼれて死《し》んでしまいます。どうしたら、いいでしょう。グレーテルは、いっしょうけんめい、考《かんが》えました。けれども、うまい考《かんが》えは、うかびません。

「このまま、おかあさんのところへ、もどるわけにはいかないし、しかたがない。とびこむわ。」

ドボーン――。

井戸《いど》にとびこんだとき、グレーテルは、気《き》をうしなってしまいました。グレーテルのからだは、ぐんぐん、しずんでいきました。

グレーテルが、ふと、気《き》がつくと、あたりは美《うつく》しい野原《のはら》でした。みどりの草《くさ》のじゅうたんの上《うえ》に、ヒナギクや、アネモネが、さいています。それはそれは、美《うつく》しいながめでした。

グレーテルが、花《はな》のあいだを、ぴょんぴょん、はねていくと、草原《そうげん》のまんなかに、パン焼《や》きがまが、おいてありました。そのそばを、通《とお》りすぎようとすると、

「おいしく焼《や》けたよ。だしておくれ。」

と、中《なか》から、パンがさけびました。グレーテルが、パンをとりだし

てやると、パンは、こんがりと、きつね色《いろ》に焼《や》けていました。

グレーテルは、また、歩《ある》いていきました。すると、こんどは、まっかな実《み》が、たくさんなっている、リンゴの木《き》がありました。そのそばを、通《とお》りすぎようとすると、

「いま、熟《じゅく》したところよ。木《き》をゆすってちょうだいな。」

と、リンゴが、いいました。

グレーテルが、木《き》をゆすってやると、まっかなリンゴが、みどりの原《はら》に、ころころと、ころがりおちました。

グレーテルは、また、歩《ある》いていきました。するとこんどは、白《しろ》い壁《かべ》の家《いえ》につきました。窓《まど》のそばに、ひとりのおばあさんがいて、グレーテルに、声《こえ》をかけました。

「うちのしごとを、てつだっておくれ。おまえのめんどうは、みてあげるよ。わたしの名《な》まえは、ホールおばさんというんだよ。」

おばあさんの家《いえ》でも、グレーテルは、よくはたらきました。

「ねどこは、とくべつ、きちんと、かたづけておくれ。羽《はね》ぶとんは、よく、はたいておくんだよ。」

と、おばあさんがいいました。グレーテルは、いわれたとおり、羽《はね》ぶとんを、よくはたきました。すると、中《なか》の羽《はね》が空《そら》にとんで、雪《ゆき》のように、まいおりました。

グレーテルは、ホールおばさんの家《いえ》で、たのしくくらしました。けれども、しばらくすると、うちへ帰《かえ》りたくなりました。

ホールおばさんは、

「帰《かえ》りたくなるのも、むりはない。じゃあ、気《き》をつけてお帰《かえ》りよ。」

と、いって、玄関《げんかん》まで、グレーテルを送《おく》ってくれました。

グレーテルが、戸口《とぐち》に立《た》つと、金貨《きんか》の雨《あめ》が、ばらばらと、ふってきて、グレーテルのまわりに、つもりました。

「よくはたらいてくれたお礼《れい》だよ。持《も》ってお帰《かえ》り。」

と、いいながら、ホールおばさんは、糸《いと》まきいれを、かえしてくれました。そのとき、グレーテルのうしろで、戸《と》が、しめられました。

いつのまにか、グレーテルは、うちの庭《にわ》の、井戸《いど》のそばに、もどっていました。

おかあさんとインガは、グレーテルが帰《かえ》ってきたのを見《み》て、びっ

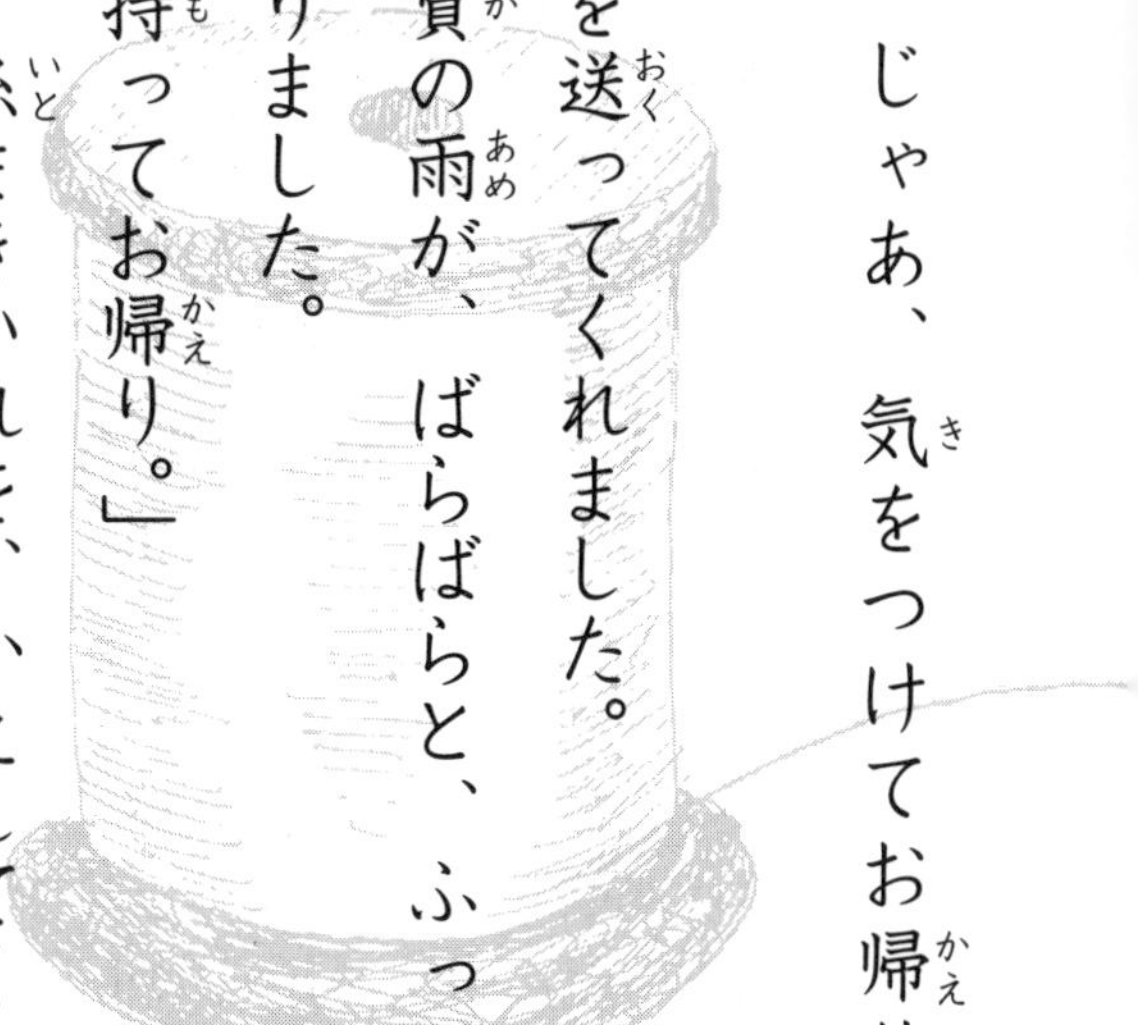

くりしました。おまけに、金貨《きんか》をたくさん持《も》って帰《かえ》ったのですから、ふたりが、びっくりしたのも、むりはありません。

おかあさんは、お金持《かねもち》のグレーテルを、まえよりも、たいせつにしました。けれども、インガにも、金貨《きんか》を持《も》たせてやりたくなりました。

ある日《ひ》、インガは、おかあさんのいいつけで、庭《にわ》の糸車《いとぐるま》の前《まえ》に、すわりました。インガは、糸《いと》をつむいだことがないので、すぐに指《ゆび》をさしました。

インガは、井戸《いど》で、糸《いと》まきいれをあらいながら、わざと、糸《いと》まきいれをおとしました。そして、すぐあとから、自分《じぶん》も、井戸《いど》の中《なか》にとびこみました。

インガは、グレーテルとおなじように、美《うつく》しいみどりの原《はら》にでました。インガが、パン焼《や》きがまのそばを、通《とお》りかかると、中《なか》から、

「おいしく焼《や》けたよ。だしておくれ。」

という、声《こえ》がしました。すると、インガは、

「あら、あたしに、だしてくれっていうの。いやよ、手《て》がよごれちゃうじゃないの。」

と、いって、通《とお》りすぎてしまいました。

インガは、やがて、リンゴの木《き》のところにきました。

「熟《じゅく》したのよ。木《き》をゆすってちょうだいな。」

と、リンゴがいいました。

「えっ、木《き》をゆするんですって。とんでもない。リンゴが、あたし

の頭《あたま》にあたったら、どうするの。」

と、いって、どんどん、いってしまいました。

インガは、ホールおばさんのところにつきました。ホールおばさんが、

「うちのしごとを、てつだっておくれ。」

と、いいました。

「ええ、ええ、てつだってあげますとも。」

インガは、にこにこして、ホールおばさんの家《いえ》の中《なか》に、はいりました。

はじめのうちは、インガも、ホールおばさんにいわれたとおり、よくはたらきました。けれど、ふつかめになると、インガは、しご

とをすこし、なまけました。三日《みっか》めは、なまけてばかりいました。

ホールおばさんは、あきれかえって、

「さあ、おまえは、もうお帰《かえ》り。」

と、いいました。

いよいよ、金貨《きんか》がもらえると思《おも》うと、インガは、胸《むね》がどきどきしました。ホールおばさんは、インガを玄関《げんかん》までおくって、戸《と》をあけました。

インガが、戸口《とぐち》に立《た》つと、上《うえ》から、すみの雨《あめ》が、ぽたぽたと、ふってきて、インガは、からだじゅう、まっ黒《くろ》けに、なってしまいました。ホールおばさんは、インガに糸《いと》まきいれをわたしながら、

「あなたのしてくれた、しごとの、お礼《れい》だよ。」

と、いって、戸《と》をしめました。

いつのまにか、インガは、庭《にわ》にもどっていました。

インガと、おかあさんが、どんなにあらっても、こすっても、インガのからだについたすみは、ふきとることが、できなかった、と、いうことです。

カット／黒木洋高

※これは、グリム童話《どうわ》として、よく知《し》られているお話《はなし》です。

オー・ツール王《おう》とガチョウ

CD●12

（アイルランド）

みなさん、年《とし》をとっても、たいくつしないで、たのしくくらした、オー・ツール王《おう》の話《はなし》を、知《し》っていますか。

オー・ツール王《おう》は、わかいころ、アイルランドで、いちばんりっぱな、わかものでした。狩《か》りをするのが大《だい》すきで、日《ひ》がのぼると、すぐに、ウマにまたがって、森《もり》にでかけていったものでした。

ところが、オー・ツール王《おう》も、年《とし》をとって一日《いちにち》じゅう、狩《か》りをしていることが、できなくなりました。そして、冬《ふゆ》がくると、年《とし》とったからだのあちこちが、いたくなり、つえがないと、歩《ある》けなくなってしまいました。

すると、この世《よ》の中《なか》が、とてもつまらないものに、思《おも》われてきました。

そこで、王《おう》さまは、気分《きぶん》をかえるために、ガチョウを飼《か》うことにしました。

いいえ、笑《わら》ってはいけませんよ。ガチョウというのは、なかなかりこうで、忠実《ちゅうじつ》な動物《どうぶつ》ですからね。

オー・ツール王《おう》も、ガチョウも、しあわせにくらしました。ガチョウは、そこらをとびまわっても、王《おう》さまがよべば、すぐに、もどってきました。オー・ツール王《おう》のあとから、よちよちと、ついて歩《ある》くときも、ありました。

金曜日《きんようび》になると、湖《みずうみ》の中《なか》を泳《およ》ぎまわって、よく、ふとったマスを、くわえてきては、王《おう》さまにわたしました。

ところが、なんと、悲《かな》しいことでしょう。このガチョウも、年《とし》をとって、つばさも、足《あし》も、よわってしまったのです。もう、王《おう》さまは、ガチョウと遊《あそ》ぶことも、できなくなってしまいました。

ある日《ひ》、王《おう》さまは、ガチョウをひざにのせて、湖《みずうみ》のほとりに、しょんぼり、腰《こし》をおろしていました。もう、この世《よ》の中《なか》に、なんのたのしみもない、と、思《おも》うと、いつのまにか、なみだが、ほおをつたっていました。

ガチョウをはなして、池《いけ》にいれて、えさをとらせてやりました。でも、そのあいだも、ガチョウがおぼれてしまうのではないかと、それはそれは、心配《しんぱい》でした。

王《おう》さまは、そのとき、ふと、目《め》をあげました。すると、見《み》たこともない、りっぱなわかものが、目《め》の前《まえ》にたっています。

「オー・ツール王《おう》、ばんざい。」

と、わかものが、いいました。

「どうして、わたしの名《な》まえを知《し》っているのかね。」

「いや、わたしは、なんでも知《し》っていますよ。ところで、あなたのガチョウは、元気《げんき》ですか。」

「ややっ、これはこれは。ガチョウのことも、知《し》ってるのかね。」

と、王《おう》さまは、びっくりして、たずねました。なぜって、ガチョウは、いま、草《くさ》のかげにはいっていますから、見《み》えないはずなのです。

「ええ、知《し》っていますとも。」

「いったい、きみは、だれなんだね。」

「正直《しょうじき》な男《おとこ》です。」

と、わかものが、こたえました。

「なんのしごとを、しているんだね。」

「わたしのしごとは、古《ふる》いものを新《あたら》しくすることです。それで、くらしております。」

「ああ、いかけやさんか。」

「いいえ、もうちょっと、大《おお》きなことをするんですよ。あなたのガチョウを、わかがえらせてあげましょうか。」

「ほんとうに、できるのかね。」

オー・ツール王《おう》は、思《おも》わず、にっこりしました。

「ええ、できますとも。元気《げんき》のいい、わかいガチョウにもどしてあげましょう。」

オー・ツール王《おう》は、口《くち》ぶえをふきました。すると、アシのかげから、ガチョウが、よちよちとでてきて、足《あし》のわるい王《おう》さまの、そばにきました。

「そんなことが、できるとすれば、きみは、アイルランドで、いちばん、かしこい人《ひと》だ。」

「いや、いや、もうちょっと、わたしは、えらいですよ。」

と、わかものが、いいました。

「しかし、わたしがガチョウを、わかがえらせたら、王《おう》さま、あなたは、なにをくださいますか。」

「なんでも、きみののぞむものを、あげよう。」

「じゃ、こうしましょう。ガチョウが、わかがえってから、はじめてとびまわったとき、その下《した》にある土地《とち》を、ぜんぶ、ください。」

「ああ、いいとも。」

と、王《おう》さまが、いいました。

「あとで、いやといっては、だめですよ。」

「もちろん、そんなことは、いわない。」

そこで、わかものは、やせこけて、骨《ほね》と皮《かわ》ばかりになっているガチョウを、よびました。それから、ガチョウの羽《はね》を、しずかにつかんで、

「かわいそうな、ガチョウさん。さあ、元気《げんき》な鳥《とり》になりなさい。」

と、いって、鳥《とり》の頭《あたま》の上《うえ》で、おまじないのようなことを、しました。

そして、羽《はね》をかるく、吹《ふ》きました。

ガチョウは、しばらくのあいだ、わかものの手《て》に、じっと、とまっていました。やがて、空《そら》にまいあがり、ツバメのように、すいすいと、とびまわりました。

王《おう》さまは、ほんとうに、うれしそうでした。王《おう》さまは、目《め》を細《ほそ》くし、口《くち》をあけて、ガチョウがとぶのを、見《み》まもっていました。

ガチョウは、ヒバリのように、空高《そらたか》く、まいあがったかと思《おも》うと、ずっと遠《とお》くへ、とんでいきました。そして、あっというまに、もどってきて、王《おう》さまの足《あし》もとに、おりました。王《おう》さまは、ガチョウの背《せ》なかを、なでてやり、

「おまえは、世界《せかい》で、いちばんいい子《こ》だよ。」

と、いって、頭《あたま》をかるくたたきました。

「王《おう》さま。あなたは、わたしに、なんとおっしゃいましたっけ。」

「きみは、アイルランドで、いちばんかしこい人《ひと》だ、と、いいましたよ。」

と、王《おう》さまは、なおもガチョウを見《み》ながら、いいました。

「それだけでしたか。」

「死《し》ぬまで、ご恩《おん》はわすれません。」

「おやっ、ガチョウがとんだとき、その下《した》にある土《と》地《ち》を、わたしに、みんなくださる、と、いいませんでしたか。」

と、わかものがいいました。

「もちろん、あげるとも。わたしには、ほんのちょっとの土《と》地《ち》しか、のこらなくても、かまわないよ。」

画《が》／南 栄一（みなみ えいいち／日本《にほん》）

と、いって、王《おう》さまは、やっと、ガチョウから目《め》をあげました。

「あなたは、りっぱなお方《かた》だ。それなら、ガチョウは、ずっと、元《げん》気《き》でいるでしょう。」

と、わかものが、いいました。

「あなたは、いったい、だれですか。」

と、王《おう》さまは、聞《き》きました。

「聖者《せいじゃ》ケビスです。」

王《おう》さまは、ひざまずいて、聖者《せいじゃ》をおがみました。

「ああ、神《かみ》さま。わたしは、聖者《せいじゃ》と話《はなし》をし、聖者《せいじゃ》に、ガチョウを、なおしてもらったのですか。」

「ええ、そうです。」

「ただのわかものだ、と、思《おも》っていましたのに。」

「すがたをかえてきたのですから、むりもありません。わたしは、オー・ツール王《おう》を、ためしにきたのです。」

と、聖者《せいじゃ》が、いいました。

聖者《せいじゃ》は、自分《じぶん》の土地《とち》がすくなくなっても、やくそくをちゃんと、まもった王《おう》さまを、ほめたたえました。そして、王《おう》さまからもらった土地《とち》の半分《はんぶん》を、王《おう》さまに、かえしてあげた、と、いうことです。

※アイルランド（エール）は、大《だい》ブリテン島《とう》の西《にし》にある、アイルランド島《とう》の大部分《だいぶぶん》です。

親子《おやこ》で読《よ》む 世界《せかい》の民話《みんわ》

画《が》／ R. クリステンセン（デンマーク）

このあとのページにおさめられた民話は、ＣＤの朗読がありません。ご両親や先生がお子さんに読みきかせをして、お楽しみください。

ブラッセルの音楽隊《おんがくたい》

（ベルギー）

ある村《むら》のこな屋《や》が、ロバを飼《か》っていました。ロバは、年《とし》をとって、働《はたら》けなくなりました。こな屋《や》は、なさけ知《し》らずの男《おとこ》では、なかったのですが、けちんぼうでした。

（こんな役《やく》にもたたないロバに、えさをやるなんて、むだなことだ。）

と、思《おも》いました。そこで、ロバを、売《う》ってしまうことにきめました。

「おまえは、もう、皮《かわ》しか、役《やく》にたたなくなった。どうせ、いい値《ね》では、売《う》れないだろうが、それでも、売《う》ってしまえば、おまえのたべものを、買《か》わなくてすむからな。」

主人《しゅじん》が、こういうのを、ロバは、じっと、聞《き》いていました。そして、心《こころ》の中《なか》で、

「へぇん。どうせ、わたしゃ、おいぼれさ。だが、あんたは、まったく、わからない人《ひと》だよ。ロバは、荷物《にもつ》をはこぶほかは、なんにもできない、と、思《おも》ってるんだからな。このすばらしい声《こえ》に、気《き》がつかないなんて、ほんとうに、どうかしてるよ。

ああ、いやだ、いやだ。あんたみたいな、わからずやのところに、だれが、いてやるもんか。ブラッセルの教会《きょうかい》へいこう。きっと、聖《せい》歌隊《かたい》にやとってもらえるもの。」

と、つぶやきました。

こな屋《や》のすきを見《み》て、ロバは、逃《に》げだしました。そして、ブラッセルにむかって、どんどん、歩《ある》いていきました。

ロバが、村長《そんちょう》さんの家《いえ》の前《まえ》までくると、戸口《とぐち》に、イヌが一《いっ》ぴき、しょんぼり、すわっていました。

「イヌくん、こんにちは。どうしたんだね。元気《げんき》がないじゃありませんか。病気《びょうき》なのかね。」

「やあ、ロバさん。まったく、悲《かな》しいったら、ありゃしませんよ。わたしゃ、働《はたら》く元気《げんき》もなくしてしまいましたよ。まあ、聞《き》いてください。

わたしゃ、すっかり年《とし》をとって、ご主人《しゅじん》のために、ウサギ一《いっ》ぴき、とれなくなっちゃったんですよ。すると、ご主人《しゅじん》は、たべものも、くれないで、わたしを、けとばして、そとへ追《お》いだすじゃありませんか。おかみさんが、わたしのことを、『ろくでなし』っていうと、ご主人《しゅじん》まで、おなじように、『ろくでなし』って、いうんですからね。

なさけないったら、ありませんよ。」

と、イヌがいいました。

「イヌくん、元気《げんき》をだしたまえ。わたしも、きみと同《おな》じようなめにあって、逃《に》げてきたところなんだよ。主人《しゅじん》なんてのは、みんな、自《じ》分《ぶん》かってなものさ。どうだい、主人《しゅじん》なんか、あてにしないで、自分《じぶん》だけで、くらしをたててみては。

じつは、わたしゃ、ブラッセルの教会《きょうかい》へいって、聖歌隊《せいかたい》に、いれてもらうつもりなんだ。自分《じぶん》でいうのも、おかしいけど、わたしの声《こえ》は、なかなか、すばらしいんだよ。」

ロバのことばを聞《き》くと、イヌは、首《くび》を、まっすぐのばして、

「声《こえ》ですか。わたしも、声《こえ》なら、じまんできますよ。

ゆうべも、お月《つき》さまを見《み》て、ながいあいだ、うたいました。そしたら、町《まち》じゅうの人《ひと》が、窓《まど》をあけて、わたしの歌《うた》を、聞《き》いていましたよ。やきもちやきの人間《にんげん》が、わたしに石《いし》を投《な》げつけたんで、うたうのを、やめましたがね。さもなかったら、ひと晩《ばん》じゅう、うたいつづけるところでしたよ。」

と、いいました。

「そりゃあ、つごうがいい。いっしょに、ブラッセルへいこう。きみはテナー。わたしはバス。ふたりが声《こえ》をあわせて、うたえば、きっと、すばらしい音楽《おんがく》になるよ。」

「そうだ、そうだ。すぐ、でかけましょう。」

ロバとイヌは、ブラッセルへむかって、歩《ある》いていきました。村《むら》はずれまでいくと、一《いっ》けんの家《いえ》の戸口《とぐち》で、ネコが、悲《かな》しそうな顔《かお》をしていました。ロバも、イヌも、心《こころ》のやさしい動物《どうぶつ》でしたから、足《あし》をとめて、

「ネコさん、ネコさん。なにか、心配《しんぱい》ごとでも、あるのかい。」

と、たずねました。

「あら、あたしの心配《しんぱい》ごとを、聞《き》いてくださるんですか。あたしのご主人《しゅじん》たら、ひどいんですよ。あたしが戸《と》だなにあるベーコンを、ほんのひと口《くち》、ちょうだいしたんです。そしたら、どうでしょう。まるで、あたしが、ブタを、一頭《いっとう》たべちゃったようなさわぎをして、あたしの背《せ》なかを、むちで、ぴしん、ぴしん、たたくんです。そのうえ、あたしを、思《おも》いっきり、けとばして、追《お》いだしたんですよ。

まったく、くやしいったら、ありません。あたしが、ネズミ一《いっ》ぴきも、つかまえることができれば、こんなめには、あわされなかったんでしょうけど。ごらんのとおり、あたしは、年《とし》をとってしまって、いまでは、ネズミに、追《お》いつくことも、できないんですよ。こんなことなら、いっそ、死《し》んでしまったほうが、ましですよ。」

ネコの話《はなし》を聞《き》くと、ロバが、

「おや、おや。なんてくだらないことを、いってるんだい。わたしたちは、ブラッセルの教会《きょうかい》へいって、聖歌隊《せいかたい》にいれてもらうところなんだよ。あんたの声《こえ》は、ちょっと、細《ほそ》すぎるような気《き》もするけど、ソプラノに、いいだろう。三人《さんにん》で、声《こえ》をあわせて、うたえば、まちがいなく、すてきな音楽《おんがく》になるよ。」

と、さそいました。

「まあ、おふたりさん。ずいぶん、うれしいことを、いってくれますね。どうぞ、なかまに、いれてください。」

ロバとイヌとネコは、ブラッセルへむかって、歩《ある》いていきました。

夕方《ゆうがた》ちかく、お百姓《ひゃくしょう》の家《いえ》につきました。うら庭《にわ》の入《い》り口《ぐち》で、オンドリが、ときをつくりました。

「こんにちは、オンドリくん。いまごろ、そんな歌《うた》をうたって、どうしたというんだね。」

と、ロバが、声《こえ》をかけました。

「この世《よ》のおわかれに、ないたんですよ。わたしは、こんや、首《くび》をひねられて、スープにされちまうものですから。

じつは、一時間《いちじかん》ほどまえに、歌《うた》をうたったんですがね。そうしたら、おかみさんが、『あら、あしたは、お天気《てんき》だって、いってるわ。もうじき、おなべの中《なか》に、いれられるのも、知《し》らないで。』と、いって、ケラケラ、笑《わら》ったんです。いやらしい笑《わら》いかたでね。」

「おや、おや、オンドリくん。」

と、ロバが、いいました。

「そうやって、首《くび》をしめられるのを、じっと、まっているつもりかい。きみは、いい声《こえ》をしているんだから、それじゃ、もったいないよ。どうだい、わたしたちといっしょに、ブラッセルへいって、聖歌隊《せいかたい》にいれてもらわないかね。そうすりゃ、四人《よにん》で、すばらしい音楽《おんがく》がやれると思《おも》うよ。」

と、ロバが、すすめました。

「そいつは、ありがたい。ぜひ、つれてってください。」

ニワトリが、いっしょにくると聞《き》いて、ネコは、のどをならし、イヌはしっぽをふり、ロバは、耳《みみ》をぴんぴん動《うご》かして、喜《よろこ》びました。

四《よん》ひきが、森《もり》にやってきたとき、あたりは、すっかり暗《くら》くなりました。空《そら》には、星《ほし》が、きらきら、光《ひか》りはじめました。四《よん》ひきは、ブナの木《き》のそばで、ねることにしました。ロバとイヌは、ブナの木《き》の下《した》に、横《よこ》になりました。ネコは、枝《えだ》にのぼりました。ニワトリは、木《き》のてっぺんに、とびあがりました。

ニワトリが、ふと、あたりを見《み》まわすと、森《もり》の木《き》のあいだに、あかりが、ちらちらしています。

「おーい。あそこに、家《いえ》があるらしいよ。」

と、ニワトリがさけびました。

「たべものがあるかもしれないぞ。」

「ねどこにしく、わらがほしいな。」

「とにかく、しらべてみよう。」

四《よん》ひきは、さっそく、でかけました。まもなく、小《ちい》さな家《いえ》につきました。窓《まど》は、高《たか》いところについていました。ロバの上《うえ》にイヌがのり、イヌの上《うえ》にネコがのり、ネコの上《うえ》にニワトリがのると、やっと窓《まど》にとどきました。

小《ちい》さな家《いえ》は、どろぼうの住《す》みかでした。どろぼうたちは、ちょうど、ごはんをたべているところでした。

窓《まど》からのぞいたニワトリは、テーブルの上《うえ》に、ならんでいるごちそうを見《み》て、ごくりと、つばをのみこみました。ニワトリが動《うご》くたびに、ネコが足《あし》をふんばりました。ネコのつめが、イヌの肩《かた》にくいこみました。

「だれか、いるのかい。」

と、イヌが顔《かお》をしかめながら、ニワトリに聞《き》きました。

「シーッ。人間《にんげん》たちが、すばらしいごちそうを、たべているんだよ。」

と、ニワトリが、こたえました。

「ごちそうって、いったい、なにがあるんだ。」

と、イヌがいいました。

「なんでもあるよ。ソーセージも、さかなも。」

「えっ、ソーセージだって。」

と、イヌが、聞《き》きかえしました。

「さかなですって。」

と、ネコがいいました。

「いたい。」

と、イヌがさけびました。

「イヌさん、ごめんなさい。ニワトリさんの羽《はね》が、あたしの鼻《はな》を、
くすぐったんですよ。」

と、ネコがあやまりました。

ニワトリは、窓《まど》に目《め》をつけたまま、

「あのごちそうが、わけてもらえたら、すばらしいなあ。ぼくは、もう、おなかが、グウグウなって、がまんできないよ。」

と、つぶやきました。いちばん下《した》にいたロバが、

「どうだろう。みんなで、歌《うた》をうたってみては。お礼《れい》に、ごちそうを、わけてくれるかもしれないよ。」

と、いいました。

「そうしよう。そうしよう。」

四《よん》ひきは、いっせいに、うたいだしました。

ロバは、ヒヒーン。イヌは、ウオーッ。ネコは、ニャーオ。ニワトリは、コケコッコー。

どろぼうたちは、びっくりぎょうてん。いすから、とびあがりま

した。四《よん》ひきは、心《こころ》をこめて、うたいつづけました。

「ひゃあっ、おばけだあ！」

と、どろぼうたちは、あわてふためいて、へやの中《なか》を、かけまわりました。いすにつまずいて、つぎつぎと、たおれました。

「ハックション。」

ネコがくしゃみをしました。とたんに、ニワトリが、ガシャンと窓《まど》にぶつかって、ガラスが、こなごなに、われました。イヌのからだが、ぐらぐらっとゆれて、ロバが窓《まど》わくに、どしんと、ぶつかりました。ニワトリとネコは、へやの中《なか》に、とびこみました。

どろぼうたちは、ものもいわずに、戸口《とぐち》からとびだして、いちもくさんに、森《もり》へにげていきました。

四《よん》ひきは、あっというまに、ごちそうを、たいらげました。おなかがいっぱいになると、ねむくなりました。

そこでロバは、庭《にわ》のわらの上《うえ》に、イヌは戸口《とぐち》に、からだをのばしました。ネコは、だんろの灰《はい》の中《なか》に、背《せ》なかをまるくし、ニワトリは屋根《やね》の上《うえ》にとまりました。四《よん》ひきとも、すぐに、ねむりこんでしまいました。

やがて、どろぼうのひとりが、かしらにいいつかって、家《いえ》のようすを、さぐりに、もどってきました。どろぼうは、台所《だいどころ》へいって、ローソクをつけようとしました。けれども、マッチが見《み》えません。どろぼうは、だんろの灰《はい》のなかに、なにか二《ふた》つ、光《ひか》っているものを、見《み》つけました。

「ああ、まだ、火《ひ》がのこっているな。あれで、ローソクをつけよう。」

どろぼうは、だんろにかがみこんで、光《ひか》っているものに、ローソクを近《ちか》づけました。

そのとき、ネコがうなり声《こえ》をあげて、どろぼうめがけて、とびかかりました。そして、どろぼうの顔《かお》に、つばをはきかけ、つめをたてて、ひっかきました。

「キャーッ。」

どろぼうは、ローソクをおとして、戸口《とぐち》のほうへ、逃《に》げだしました。

戸口《とぐち》にねていたイヌが、どろぼうの足《あし》に、くいつきました。

庭《にわ》では、ロバが目《め》をさまして、むっくり、たちあがりました。ちようどそこへ、どろぼうが、かけてきました。ロバは、あと足《あし》で、どろぼうを、おもいきり、けとばしました。どろぼうは、庭《にわ》のそとへ、はねとばされてしまいました。

屋根《やね》の上《うえ》で、これを見《み》ていたニワトリは、あんまりおかしくなったので、羽《はね》をばたばた動《うご》かして、コケコッコーと、笑《わら》いました。

どろぼうは、ころがるようにかけだして、かしらのところへ、逃《に》げていきました。

「た、た、たいへんです。あそこは、ばけものやしきになっちまいました。あんなところへもどったら、みんな、くいころされてしまいますぜ。」

と、ふるえながら、かしらにつたえました。どろぼうたちは、森《もり》をぬけて、よその国《くに》へ、いってしまいました。

ロバと、イヌと、ネコと、ニワトリは、ブラッセルへいくのは、やめにして、森《もり》の中《なか》のその家《いえ》で、死《し》ぬまで、なかよく、くらしました。

※これは、グリム童話《どうわ》の『ブレーメンの音楽隊《おんがくたい》』を思《おも》わせるお話《はなし》です。

ひなどりとネコ

（ミャンマー）

あるとき、一羽《いちわ》のひなどりが、おかあさんどりに、

「おかあさん。あたし、ケーキがたべたい。」

と、おねだりしました。

おかあさんどりは、すぐに聞《き》きいれて、

「いいわ。そのかわり、おとなりへいって、人間《にんげん》がすてた、まきのはしっこを、ひろってきておくれ。それで、ケーキを焼《や》いてあげるからね。」

と、いいました。ひなどりは、おとなりへ、でかけていきました。

そして、まきのはしっこを、二《ふた》つ三《みっ》つ、見《み》つけて、持《も》って帰《かえ》ろうとしました。

ところが、そのときです。一《いっ》ぴきの年《とし》とったネコが、ひなどりを

見《み》つけて、こっちへやってきました。

ネコは、ひなどりのそばまでくると、

「おまえをたべてやる。」

と、おどかしました。ひなどりは、

「あなたは、やさしいかたね。どうか、あたしを、にがしてちょうだい。そうすれば、あたしのケーキを、すこし、わけてあげるわ。」

と、いっしょうけんめい、たのみました。するとネコは、

「よろしい。」

と、いって、そのまま、どこかへいってしまいました。

ひなどりは、いそいで、うちへ帰《かえ》りました。そして、おかあさんどりに、

「とっても、こわいめにあったのよ。」

と、さっきのできごとを、はなしました。

「心配《しんぱい》しなくてもいいよ。」

と、おかあさんどりは、いい聞《き》かせました。

「おかあさんが、いますぐ、大《おお》きな大《おお》きなケーキを、焼《や》いてあげるからね。そうすれば、おまえがたべても、まだ、そのネコにあげるぶんが、のこるでしょ。」

やがて、大《おお》きな大《おお》きなケーキが焼《や》けました。おかあさんどりは、それをひなどりにやりながら、

「さっきのネコにやるぶんを、のこしておくのよ。」

と、念《ねん》をおしました。

でも、そのケーキが、とてもとても、おいしかったものですから、くいしんぼうのひなどりは、みんな、たべてしまいました。

「くいしんぼうねえ、おまえは。」

と、おかあさんどりは、ひなどりをしかりました。

「きっと、ネコはわすれているわよ。それに、あたしたちの住《す》んでいるところだって、知《し》らないんですもの。」

と、ひなどりは、のんきに考《かんが》えていました。

ところが、むこうのほうから、ネコがやってくるではありませんか。さあ、たいへん。ひなどりは、こわくてこわくてたまりません。

ふるえながら、

「おかあさん、どうしたら、いい。」

と、聞《き》きました。

「おかあさんに、ついておいで。」

おかあさんどりは、こういうがはやいか、いっさんに、かけだしました。そして、むちゅうで、おとなりの台所《だいどころ》に、とびこみました。ひなどりも、あとから、いっしょうけんめい、走《はし》っていきました。

ふたりは、いいかくれ場所《ばしょ》はないかと、きょろきょろ、あたりを見《み》まわしました。すると、すみっこに、土《つち》でつくった、大《おお》きなつぼがありました。

ふたりは、大《おお》いそぎで、その中《なか》にかくれました。

けれども、ネコは、ふたりが、台所《だいどころ》へにげこんだのを、ちゃんと知《し》っていました。ですから、かんかんにおこって、大《おお》きな声《こえ》で、ど

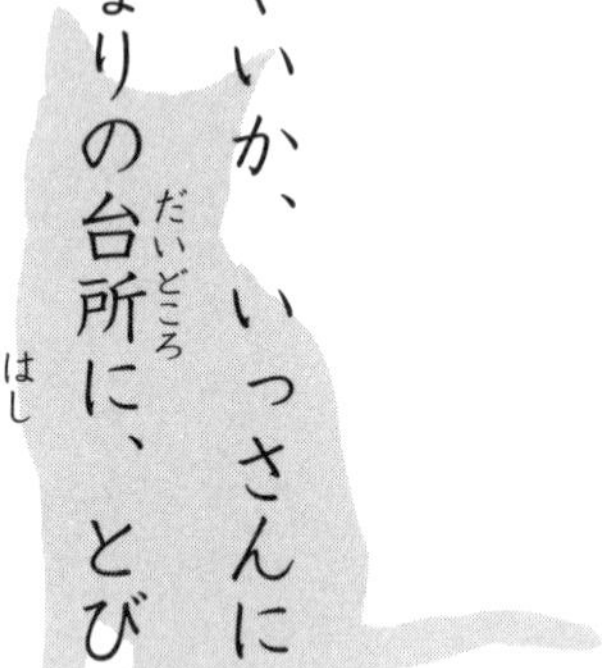

なりました。

「おい、くいしんぼうのひなどりめ。おれにくれるケーキは、どこにあるんだ。でてこい。でてこないなら、おまえたちを、ふたりとも、くってしまうぞ。」

ネコは、ふたりを追《お》いかけて、台所《だいどころ》にとびこんできました。ところが、いくらさがしても、ふたりのすがたは見《み》えません。

「ふたりとも、たしかに、ここへ、にげこんだんだがなあ。まあ、いいさ。ここには、戸口《とぐち》が一《ひと》つしか、ないんだから、そのうちに、でてくるに、きまっている。」

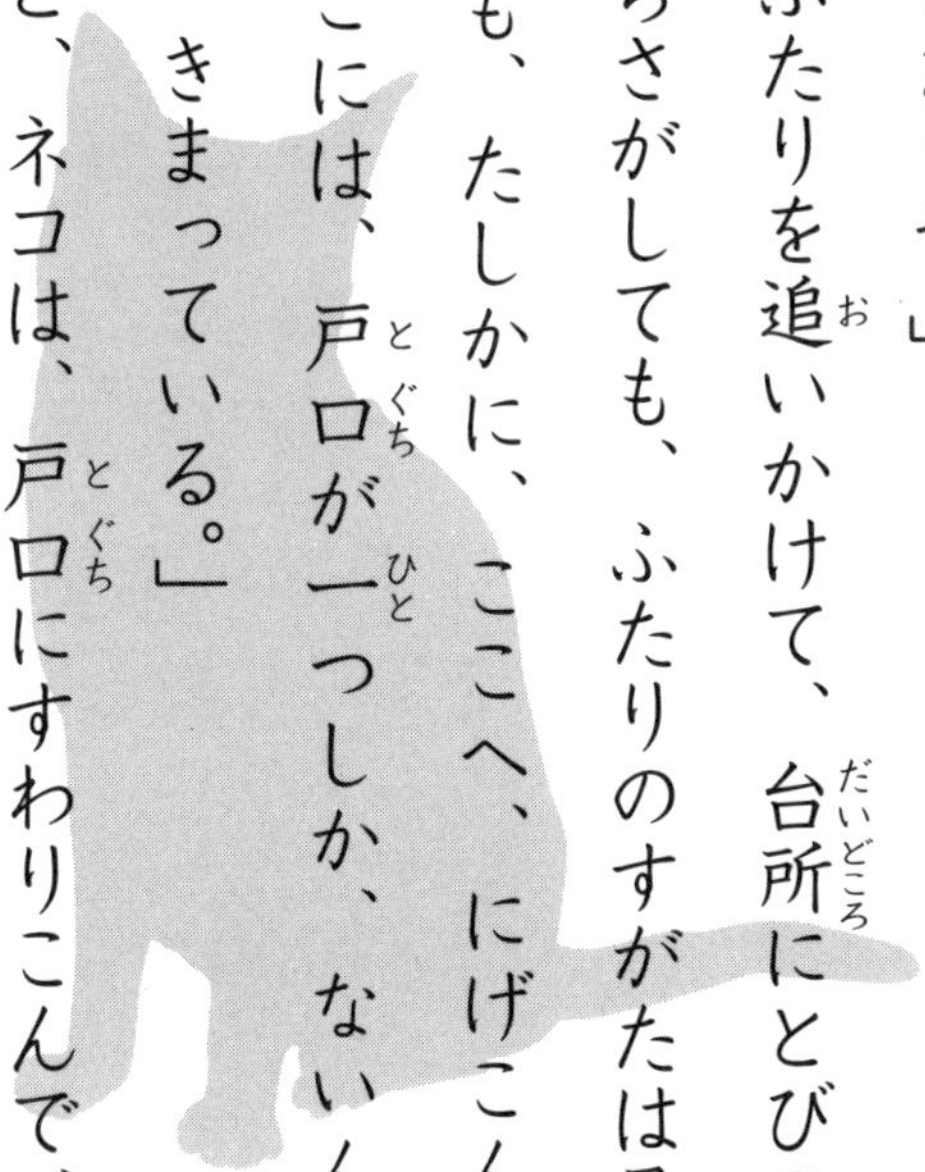

こういうと、ネコは、戸口《とぐち》にすわりこんで、いつまでも、いつまでも、まっていました。

いっぽう、つぼの中《なか》では、おかあさんどりと、ひなどりが、こわくて、ふるえていました。

ところが、すこしたつと、ひなどりは、おちつかなくなって、おかあさんどりの耳《みみ》もとで、ささやきました。

「おかあさん、くしゃみがしたい。」

「くしゃみなんか、しちゃいけないわ。わたしたちが、このつぼの中《なか》にいることが、ネコにわかってしまうじゃないの。」

と、おかあさんどりは、おこって、いい聞《き》かせました。

しばらくたちました。すると、ひなどりが、また、おかあさんの耳《みみ》もとで、ささやきました、

「一回《いっかい》きりでいいから、くしゃみをさせて。」

「だめよ、ぜったい、だめ。」

と、おかあさんどりは、こたえました。

しばらくたちました。またまた、ひなどりが、おかあさんの耳《みみ》もとで、ささやきました。

「ちいちゃなくしゃみを、一回《いっかい》きりでいいから、させて。」

「だめよ。」

と、おかあさんどりは、こたえました。

しばらくたちました。ひなどりは、また、おかあさんの耳《みみ》もとで、ささやきました。

「ちっちゃなくしゃみを、一回《いっかい》の半分《はんぶん》きりでいいから、させて。」

おかあさんどりは、もう、めんどうくさくなって、

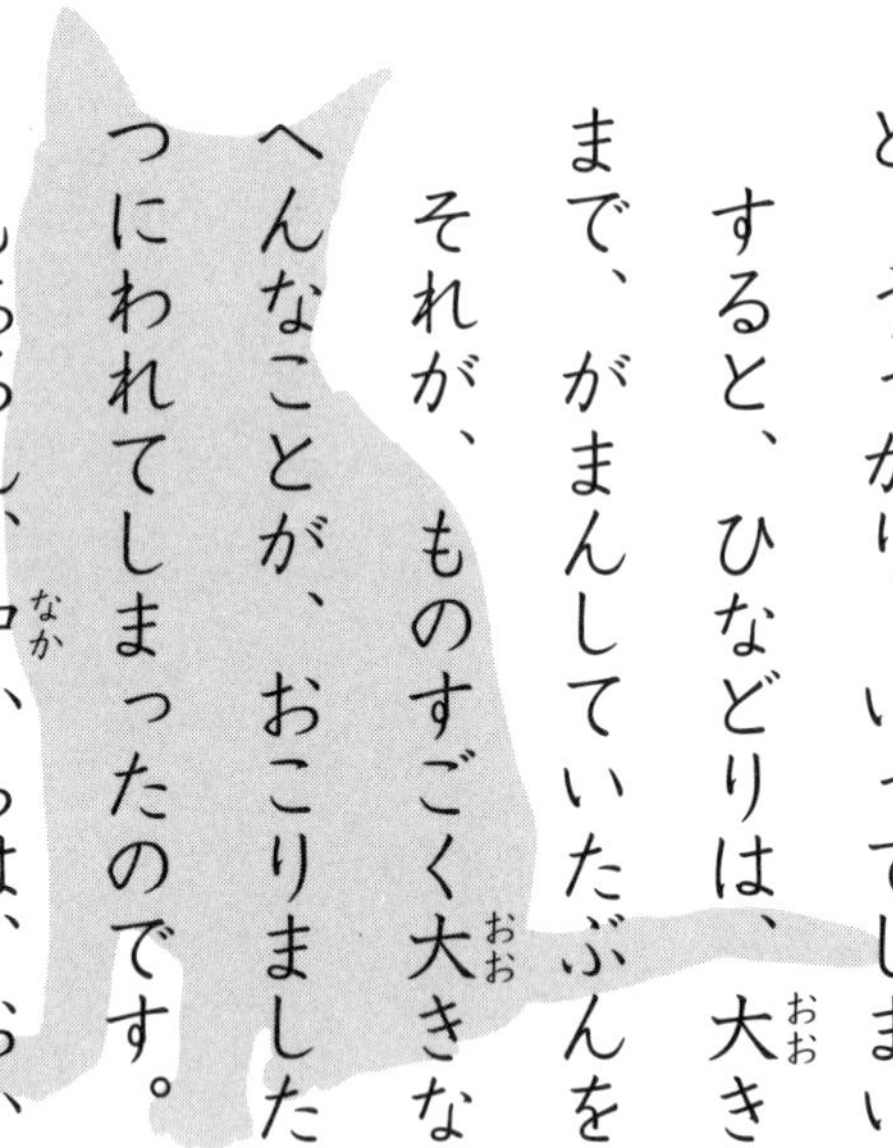

「いいわ。」

と、うっかり、いってしまいました。

すると、ひなどりは、大《おお》きな大《おお》きな、くしゃみをしました。いままで、がまんしていたぶんを、いっぺんに。

それが、ものすごく大《おお》きな、くしゃみだったものですから、たいへんなことが、おこりました。つぼが、くしゃみのいきおいで、二《ふた》つにわれてしまったのです。

もちろん、中《なか》からは、おかあさんどりと、ひなどりが、でてきました。

ところが、ネコのほうは、そのもの音《おと》に、びっくりぎょうてん。

あわをくって、にげていきました。あんまりすごい音《おと》なので、かみなりがおちたとでも、思《おも》ったにちがいありません。

こうして、おかあさんどりは、ぶじに、台所《だいどころ》からでてきました。ひなどりも、おかあさんどりのあとから、のこのこ、ついてきました。おまけに、えらくもったいぶって、すごく、とくいそうな顔《かお》をしていましたよ。

※くしゃみで、つぼがわれ、ネコが、にげていったとは、ゆかいな話《はなし》ではありませんか。

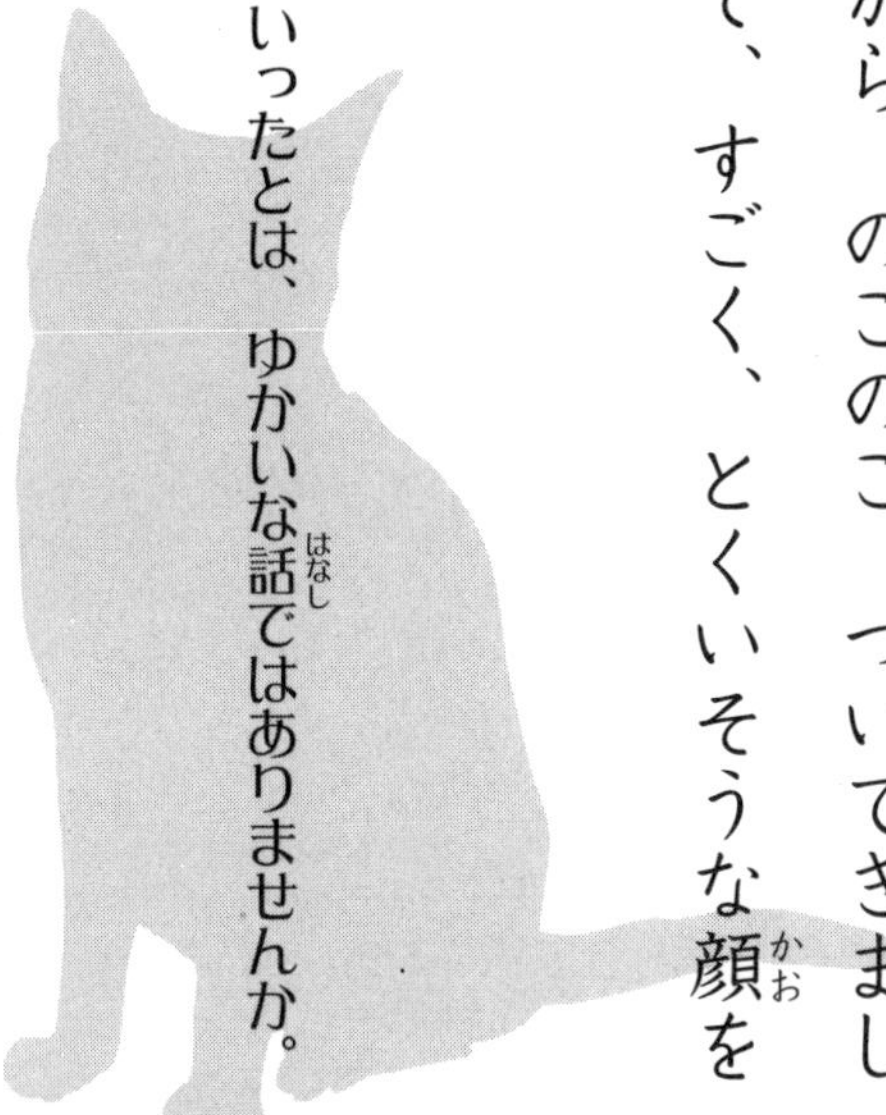

画家《がか》・協力《きょうりょく》スタッフ紹介《しょうかい》

カラー口絵協力／
口と足で描く芸術家協会ＭＦＰＡ

『口と足で描く芸術家協会』は、事故や病気などのために両手が使えなくなってしまった障がい者が、自立を目指して、車椅子やベッドの上で口や足に筆をとり、絵を描く画家のグループです。

１９５６年にヨーロッパで始まり、日本でも１９６１年から50年以上にわたり続いています。現在、世界74の国や地域の障がい画家約８００名が参加しています。日本では23名の障がい画家が口や足で描いています。

協会では世界中の仲間たちが口や足で描いた絵を、グッズに複製し世界中でご紹介しています。皆さまのご支援が、障がいを負った画家たちの生活費や奨学金、自助具など福祉機器の導入費となり、自立した生活へと導きます。

本書のカラー口絵と挿画の一部はすべて協会所属の画家によるものです。

http://www.mfpa.co.jp

カラー口絵画家プロフィール

古小路浩典（こしょうじ・ひろのり）東京都出身
『口と足で描く芸術家協会』会員。中学3年の時にスポーツ事故で全身マヒとなりました。同じ境遇の人々から勇気を得て、口で描く画家の道をまっしぐらに進んできました。今、自立した暮らしの中で日々の喜びや人の温かさを貴重なものと感じています。表情豊かな、感性あふれる作品制作を目指しています。

南 栄一（みなみ・えいいち）長野県出身
『口と足で描く芸術家協会』会員。高校の柔道の試合で頚椎（けいつい）を損傷し四肢マヒとなり、ベッドと車椅子生活になりました。絵を通して知った新しい世界が、生活の目的と楽しみになっています。絵に生きる希望や喜びを表現し、うわべだけの美ではなく自分の求めるものにしっかりと目を向けていこうと思っています。

西岡良介（にしおか・りょうすけ）広島県出身
『口と足で描く芸術家協会』会員。高校2年生の夏に器械体操クラブの床運動練習中、首の骨を折り頚椎（けいつい）を損傷。両足は完全にマヒしており、両手両腕の機能もほとんど失い、車椅子生活となりました。リハビリの過程で絵を描き始め、独学で技術を習得。絵を描くことが自立への大きな支えとなっています。

黒木洋高（くろき・ひろたか）宮崎県出身
『口と足で描く芸術家協会』会員。21歳の時に自動車事故で頚椎（けいつい）を損傷。肩から下全身がマヒしており、日常生活に介助を要し、電動車イスで移動しています。25歳の時からリハビリの一環として絵を描き始めました。1998年に、宮崎県日向市（ひゅうがし）の吉野橋の欄干を飾るレリーフの原画を制作しています。

朗読協力／
社会福祉法人 日本点字図書館

　１９４０年創設。点字図書・音声図書の製作・貸し出し、中途視覚障害者のための点字教室、視覚障害者のためのパソコン教室、視覚障害者用具の販売等の事業を行っています。

　また視覚障害者情報総合ネットワーク「サピエ」の管理も同図書館です。

　本書の朗読は同館のスタジオおよび音声制作スタッフの協力を得て収録されました。

http://www.nittento.or.jp/

藤沢典子（ふじさわ・のりこ）**滋賀県出身**

視覚障害者向け専門ラジオ局ＪＢＳ日本福祉放送を経て、現在、日本点字図書館にて録音図書の製作に携わる。ナレーション歴は、映画「武士の一分」、「おとうと」、「ノルウエイの森」（副音声）ほか多数。

曽田さわ子（そだ・さわこ）**宮城県出身**

宮城県立点字図書館などの朗読ボランティアを経て、現在、日本点字図書館にて録音図書の製作に携わる。朗読のきっかけは、小学生のとき読んだヘレンケラーの伝記。朗読タイトル数50、校正91（２０１３年）。

【カバーイラスト】

寺田順三（てらだ・じゅんぞう）

イラストレーター。1986年ゴーズデザイン入社。2000年カムズグラフィック設立。イラストレーションをはじめ広告や絵本、雑貨製作など幅広い分野において第一線で活躍中の人気イラストレーター。現在、神戸芸術工科大学講師、京都造形芸術大学客員教授も務める。お洒落で個性的な動物キャラクターと、ヨーロッパの古い絵本を思わせる柔らかなタッチで、若い女性やアート好きな層を中心に大きな支持を得ています。

森田真千子
（もりた・まちこ）
大阪府出身

M.コルプ
（Markus KOLP）
ドイツ

R.クリステンセン
（Ruth CHRISTENSEN）
デンマーク

【編　者】　矢崎源九郎（やざき・げんくろう）
1921年山梨県生まれ。東京大学文学部卒。元東京教育大学助教授（言語学、北欧文学）、主な著訳書に『日本の外来語』、アザール『本・子ども・大人』、ラーゲルレーヴ『ニールスの不思議な旅』、『グリム童話全集』、イプセン『人形の家』など。本書では民話の取り捨て選択と、文体の統一ならびに加筆を担当。1967年没。

【執筆者】　君島久子（きみじま・ひさこ）
1925年栃木県生まれ。慶應義塾大学卒業、東京都立大学大学院修了。国立民族学博物館名誉教授。中国諸民族の民間伝承を研究。研究書のほか、絵本や民話集などの執筆に精力的に取り組む。産経児童出版文化賞、巖谷小波文芸賞などを受賞。著書に『王さまと九人のきょうだい』『中国の神話』など。本書では中国を中心に、アジア、中東方面を執筆。

内田莉莎子（うちだ・りさこ）
1928年東京生まれ。早稲田大学露文科を卒業後、ロシア児童文学の紹介、東欧諸国の民話研究を行う。訳書に『てぶくろ』『大きなかぶ』『ロシアの昔話』など。本書ではロシアから東欧方面を中心に、アフリカ、中南米の一部を執筆。1997年没。

山内清子（やまのうち・きよこ）
1931年東京生まれ。東京教育大学言語学科卒業。北欧児童文学の翻訳、紹介に活躍。訳書に『わたしたちのトビアス』『あたし、ねむれないの』『やかましむらのこどもの日』などがある。本書では西ヨーロッパ、南北アメリカのほか、アフリカの一部を執筆。2000年没。

【本文カット】石崎有希子（いしざき・ゆきこ）
北海道出身。「地図と各話のとびらカットを担当しました。札幌市在住の、ふだんは別ペンネームで活動している漫画家です。民話のイラストは初めてで、緊張しました。雰囲気が伝わると嬉しいです」

【朗　読】　藤沢典子（第1・3集）　曽田さわ子（第2・4集）
【装　画】　寺田順三
【装　丁】　安達洋美（株式会社ムーブエイト）
【本文デザイン・DTP】鈴木哲也（Take One）
【協　力】（順不同）　株式会社ホリプロ
株式会社モモアンドグレープスカンパニー
ひまわり編集事務所
社会福祉法人　日本点字図書館
口と足で描く芸術家協会MFPA
有限会社レットベアー
株式会社スワラ・プロ
株式会社スタジオポッド

本書は、一九六四（昭和三十九）年に小社より刊行した『子どもに聞かせる世界の民話』に掲載された作品から再編集したものです。本書中、今日の観点から見ると不適切な表現が一部にありますが、民話の持つ性格と著作者の表現を尊重してそのまま使用しました。（編集部）

CD付《つ》き 子《こ》どもに聞《き》かせる世界《せかい》の民話《みんわ》 第《だい》1集《しゅう》

けものや鳥《とり》や虫《むし》が、でてきて、ちえをはたらかせる話《はなし》
欲《よく》ばりや心《こころ》のまがった者《もの》が、そんをしたり、正直者《しょうじきもの》が、とくをする話《はなし》

2014年2月1日　初版第一刷発行

編　者　矢崎源九郎
発行者　村山秀夫
発行所　株式会社　実業之日本社
〒104-8233　東京都中央区京橋3-7-5　京橋スクエア
電話（編集）03-3562-2051
（販売）03-3535-4441
http://www.j-n.co.jp/
小社のプライバシー・ポリシー（個人情報の取扱い）は、右記サイトをご覧ください。
印刷所　大日本印刷株式会社
製本所　大口製本印刷株式会社

ISBN978-4-408-21509-9(PM)